AF463805

MÉMOIRES

D'UN

TOURANGEAU.

DELPHINE

ET

LE COMMISSAIRE DE POLICE DE LA VILLE DE TOURS;

Discours

D'UN HABITANT DE BICÊTRE, A LA COUR DE CASSATION;

DÉNONCIATION A M. LE PRÉFET DE POLICE,

PAR M. CHICOISNEAU;

SUIVIS D'UN

MÉMOIRE AU ROI.

PARIS.

ALPHONSE CHESNÉ, ÉDITEUR,

AU MARCHÉ DE LA MADELEINE.

1838

DELPHINE

ET

LE COMMISSAIRE DE POLICE

DE

LA VILLE DE TOURS.

Loin de vous décrier, je vous ai fait connaître.
BOILEAU.

TROISIÈME EDITION.

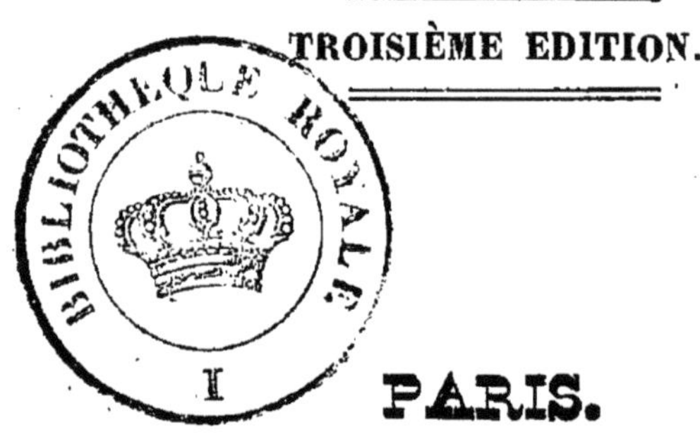

PARIS.

1838

IMPRIMERIE DE MAULDE ET RENOU,
RUE BAILLEUL, 9-11, PRÈS DU LOUVRE.

AVIS DE L'EDITEUR.

L'accueil fait aux Mémoires de la famille Renard, de Tours, par le public le plus éclairé de la France, le barreau de Paris, me fait espérer d'être utile à des malheureux, en offrant à un autre public aussi respectable, le Recueil complet des Mémoires de la pauvre Renard.

De la publicité ! et, toujours, de la publicité !.... jusqu'à ce que les plaintes des époux Renard, appuyées de certificats d'indigence déposés aux parquets, soient admises ou rejetées par la justice : A chacun son droit ! A vous, Magistrats, le droit de rendre la justice ! à nous, le droit de la demander.

Textes des plaintes des Époux Renard déposées aux parquets de Paris, de Tours, d'Orléans :

« Faux témoignage, contre deux épiciers de la banlieue ;

« Subornation de témoignage, contre l'ex-commissaire de police en chef de la ville de Tours ;

« Escroquerie d'une pendule, pendant le procès, contre le même ;

« Prostitution de mineure de quatorze ans, contre deux couturières de Tours, alors maîtresses d'apprentissage de Delphine ;

« Diffamation par lettre écrite contre une accusée, pendant une instruction criminelle, par un commissaire de police, alors en fonctions à Amboise, *et actuellement à Tours.* »

Paris, le 1er juillet 1838.

CHESNÉ,

Tourangeau, boutiquier et garde national, demeurant au marché de la Madeleine, à Paris.

CONSULTATION

DE Me CHICOISNEAU.

L'Avocat soussigné, profondément ému par le récit des époux RENARD,

Est d'avis que leurs plaintes méritent le plus sérieux examen de la part des Magistrats supérieurs ; que des questions du plus haut intérêt pour la liberté et l'honneur des citoyens, se rattachent à ces plaintes et au récit des époux Renard;

L'Avocat soussigné croit, en son ame et conscience, qu'il est de son devoir de recommander très particulièrement cette affaire à M. le Ministre de la Justice, à M. le Procureur-Général près la Cour de Cassation, et à tous les Magistrats de l'ordre judiciaire.

Une erreur grave lui paraît avoir successivement été commise par deux Tribunaux, et cette erreur aurait atteint, dans sa réputation, une mère de famille irréprochable.

Les portes de la prison se fermeraient-elles sur une mère *qui conduisait sa fille aux pieds des autels,* pendant les deux années que ses accusateurs auraient si bien employées à la précipiter dans la débauche! Et l'homme célèbre qui a dit au fils de saint Louis : *Montez au ciel!* serait-il donc obligé de descendre ici-bas, pour dire à cette mère : Femme, soumettez-vous au jugement des hommes ?

M. le Ministre, pénétré, comme le défenseur, d'un profond respect pour la chose jugée et pour la magistrature, n'aurait-il rien à faire auprès de Sa Majesté, si le pourvoi était rejeté?....

Paris, le 15 avril 1838.

R. CHICOISNEAU,

Avocat à la Cour royale de Paris.

PLAINTES

DES

ÉPOUX RENARD, PÈRE ET MÈRE

DE

DELPHINE,

A SON EXCELLENCE

le Ministre de la Justice,

A MM. LES PROCUREURS - GÉNÉRAUX PRÈS LA COUR DE CASSATION ET PRÈS LES COURS ROYALES DE PARIS ET D'ORLÉANS ;

A MM. LES PROCUREURS DU ROI PRÈS LES TRIBUNAUX DE PREMIÈRE INSTANCE DE PARIS ET DE TOURS ;

contre

1° *Les Demoiselles* SEGUIN, *Couturières à Tours, pour avoir excité, facilité et favorisé habituellement, pendant trois années et deux mois, du* 13 *juillet* 1833 *au* 13 *septembre* 1836, *en qualité de maîtresses d'apprentissage, la prostitution de* DELPHINE ;

2° *Les Epoux* NACLE, *Epiciers à Montreuil, ci-devant Logeurs à Tours, pour avoir facilité et favorisé habituellement, pendant une année,* 1835-1836, *la prostitution de* DELPHINE; *et, en outre, pour faux témoignage en justice;*

3° *M.* CAZEAU PÈRE, *en subornation de témoignages devant la justice, et en escroquerie d'une pendule pendant le procès ;*

4° *M.* CAZEAU FILS, *Commissaire de Police à Tours, en diffamation par lettre publiée à Paris.*

(POURVOI EN CASSATION DU 31 MARS 1838.)

Approuvé l'écriture ci-dessus,

Renard.

PREMIÈRE PARTIE.

Les époux Renard demeuraient à Tours; le mari était crieur public; sa place lui rapportait 1,200 francs; avec cette somme, il a élevé sa famille composée de trois enfans; rien d'ailleurs à dire du mari ni de la femme : ils vivaient en bonne intelligence.

Delphine, leur fille, atteignait sa treizième année; c'était le moment de lui donner un état avant de songer à l'établir.

Un marché est passé avec les demoiselles Seguin, couturières à Tours; l'apprentissage durera trois années. Ce marché n'a rien d'extraordinaire : une condition seule est remarquable, la voici : Si Delphine emploie à sa première et à sa seconde communion un temps plus ou moins considérable, ce temps sera compté et rendu aux demoiselles Seguin, jour par jour, après les trois années révolues; et, comme il s'agit d'établir que les maîtresses d'apprentissage ont livré Delphine à son séducteur, on se permettra dès à présent les réflexions suivantes : Quand on paraît si sévère sur le temps consacré à la piété, on doit l'être bien davantage sur le temps perdu à la débauche! Les maîtresses d'apprentissage qui n'ont exigé que deux mois sur cinq qu'elles auraient pu réclamer, au moins, sont suspectes à juste titre; elles ont gardé le silence, parce qu'il aurait fallu s'avouer coupables en disant à une mère que sa fille avait fréquenté le Carroir des Tanneurs, lieu de prostitution tenu par les époux Nacle;

et les demoiselles Seguin ont prudemment fait un sacrifice, au lieu de s'exposer au juste ressentiment des parens.

N'anticipons pas sur les événemens : ce fait important pour la découverte de la vérité est bon à enregistrer dès le commencement du débat. Si c'était la mère qui conduisait sa fille au Carroir des Tanneurs, si elle lui avait fait perdre une année entière, trois mois, deux mois, les demoiselles Seguin avaient droit à une indemnité : elles ne l'ont pas demandée....

C'est à treize ans, le 13 juillet 1833, que Delphine est entrée en apprentissage. C'est à ce même jour, jour néfaste, qu'il faut placer les premiers torts des époux Renard. Braves gens, étrangers à toutes les intrigues, à toutes les ruses, ils se sont dit : Les demoiselles Seguin sont bonnes couturières, elles ont du talent, elles ont des pratiques : notre fille sera bien chez elles. Ils avaient autre chose à faire ; les bonnes intentions ne suffisent pas aux père et mère ; la prudence est un devoir d'autant plus sacré pour eux, que les enfans n'ont pas cette vertu de l'âge mûr. S'ils avaient été mieux informés de la moralité des demoiselles Seguin, ils auraient appris des choses bien importantes, ils auraient compris tout d'abord que les principes religieux de Delphine, tournés en ridicule dès le premier jour, allaient disparaître pour faire place à des maximes plus libres ; mais ils ne connaissaient pas les demoiselles Seguin : ils ne connaissaient pas non plus un nommé Cazeau, familier de la maison.

Abandonnée aux demoiselles Seguin, Delphine était livrée à Cazeau par le fait : une jeune fille de Bordeaux, Zélie, avait précédé Delphine dans la maison Seguin. Cette enfant, attirée à Tours, placée chez les demoiselles Seguin par Cazeau, avait également subi la honte du Carroir des Tanneurs : l'aventure paraîtrait même avoir été fort grave, si on en juge par le mystère dont sa présence fut entourée. C'est en la traitant comme amie, en la recevant à sa table, après l'avoir trouvée en flagrant délit avec son mari au Carroir des Tanneurs, que madame Cazeau a donné le change à l'opinion, sauvé les apparences, et a ainsi couvert les fautes de M. le commissaire de police, son mari. Toutefois M. Febvotte, ex-maire de Tours, n'a pas été la dupe de ce dévouement d'une épouse ; il a ordonné que Zélie fût placée, aux frais de Cazeau, chez mademoiselle Cormier, femme respectable, à Tours.

Le juge d'instruction n'était assurément pas bien informé non plus, quand il a reçu en qualité de témoins les demoiselles Seguin. S'il avait su que, malgré les antécédens de Cazeau, bien connus d'elles, et alors qu'on avait fait tant d'efforts pour se défaire de la jeune Bordelaise, s'il avait su qu'elles recevaient encore chez elles, tous les jours, à toute heure, en voisin, un homme coutumier du fait, avec ses habitudes de débauche, il aurait compris que Delphine était destinée à remplacer la jeune Bordelaise. Tout le monde le comprend peut-être déjà. Devant elles une jeune personne entendait les propos qu'un homme tel que Cazeau était capable de tenir chez les demoiselles Seguin. Les oreilles de Delphine étaient-elles façonnées à ce langage? Sa mère lui aurait-elle donné de telles leçons, chez elle ou à l'église?

Les demoiselles Seguin témoins dans une affaire de mœurs!... Mais cela révolte la nature!.., mais le sanctuaire de la justice doit être purifié!... Si vous ne pouvez attester le crime que par des criminels, renoncez à punir?... Le flambeau de la justice n'éclaire plus vos pas...

Installé chez les filles Seguin, Cazeau s'adresse à Delphine: c'est une nouvelle ruse qu'il emploie. La malheureuse Delphine est déjà sa victime: il la convoite, il la poursuit par le récit de ses belles aventures, et par les scènes particulières et grivoises dont il est le premier instruit, comme magistrat de police. Mais ce n'est pas tout: les demoiselles Seguin, le soir, vont se promener; la nuit est plus ou moins avancée quand elles rentrent. (C'est une question de saison d'été ou d'hiver.) La prudence aurait dû leur conseiller de renvoyer Delphine chez sa mère; mais la prudence, on ne s'en inquiète pas! Si on envoie Delphine au lit, que deviendra Cazeau?... Reviendra-t-il demain? Il n'est pas assez sot pour cela: c'est Delphine qu'il lui faut, c'est elle qui procure aux demoiselles Seguin l'honneur d'une apparente familiarité avec M. le commissaire de police. Bien jusque là! On est cependant d'accord sur un point: elles connaissent évidemment Cazeau; elles savent ce qu'il peut dire, ce qu'il peut faire à une jeune fille.

Cazeau donnera le bras à Delphine, il marchera loin des demoiselles Seguin, et restera seul avec Delphine, des heures entières, dans l'obscurité, à dix et onze heures du soir, pendant plusieurs années; étonnez-vous ensuite que Delphine elle-même vous dise dans un Mémoire que c'est pendant qu'elle était chez les demoiselles Seguin que son amour a pris naissance! rien de plus vrai. Mais qui pourrait affirmer que les demoiselles Seguin ne s'en apercevaient pas? personne. Et au contraire, qui n'affirmerait pas que les demoiselles Seguin se prêtaient aux projets de Cazeau?

Mères de familles, vous qui confiez vos demoiselles jeunes encore à des maîtresses d'apprentissage, prenez garde à vous. Elles ont sous les yeux du matin au soir le même homme, elles se promènent avec lui pendant toute une saison; et si par malheur une d'elles vient à être séduite, c'est à vous qu'on le reprochera! à vous, qui ne connaissez pas même cet homme, qui n'avez jamais eu le moindre rapport avec lui! Et vous, mère, vous serez condamnée en justice, sur le témoignage des personnes qui ont prostitué votre fille, de maîtresses qui n'ont pas été punies par cela même qu'elles n'ont pas été poursuivies!

Une demoiselle Seguin se marie avec le sieur Hautelingue. Quel est cet homme? qui l'a présenté? qui a fait ce rapprochement? le sieur Cazeau. Qui a conduit la mariée à l'autel? qui a fait les honneurs du repas? qui a dirigé l'orchestre? qui a présidé à tous les plaisirs du jour et du lendemain? encore Cazeau. Hautelingue, cet honneur vous était dû !...

Belle chose que tout cela, dit-on ! Ecoutez? Le rôle de Cazeau n'est pas le seul que les demoiselles Seguin aient distribué : il fallait mettre en belle humeur cet excellent M. Cazeau ; les bons morceaux lui appartenaient de droit : on n'a pas manqué de lui servir ce qu'il voulait. Delphine, la jolie Delphine, parée de ses plus beaux atours, fut placée à côté de lui ! Son rôle, il est tout tracé ; elle est demoiselle d'honneur, elle fera tous les frais de la journée; suivant l'antique usage, elle détachera la ceinture de la chaste épouse...

Belle chose encore, dit-on ! Delphine était de la famille : on ne pouvait la laisser au magasin ce jour-là ! très bien. Mais les demoiselles Seguin qui connaissaient M. Cazeau, devaient éviter la mère de Delphine elles savaient bien que Cazeau ne venait aux noces que pour Delphine. Cette enfant entourée d'hommages, de prévenances, préférée à toute autre, devant tout le monde, en voilà assez pour corrompre son cœur, pour entraîner le mal qui est arrivé, le mal que nous déplorons.

Si la mère était de trop pour les demoiselles Seguin, elle savait au moins que sa fille était de noces. La mère elle-même avait paré et couronné la jeune demoiselle d'honneur ! Sans doute! mais prenez garde à la différence des situations d'esprit. Là, où les époux Renard ne devaient voir qu'un simple délassement pour leur fille, les demoiselles Seguin voyaient toute autre chose. Elles savaient qu'il n'y avait pas de *demoiselle d'honneur* pour Cazeau ; elles connaissaient l'homme et sa moralité : les époux Renard ne connaissaient pas même cet homme.

Cette histoire du mariage est un peu longue. Qu'importe, pourvu qu'elle soit profitable, et qu'elle serve à faire découvrir le nœud de cette intrigue ! On décidera entre les demoiselles Seguin et la dame Renard, et on verra si les demoiselles Seguin, appelées en témoignage, n'ont pas trompé la justice en faisant retomber sur la mère la faute des maîtresses d'apprentissage. On se demandera quelle confiance doit être accordée au témoin qui craint pour lui-même devant la justice.

C'est ici que doit se fixer toute l'attention : voici le moment où doit éclater la vérité. C'est dans les noces d'Hautelingue, c'est dans les parties de plaisir, dans les parties de campagne qui ont été faites, que l'observateur verra le danger pour Delphine.

La dame Hautelingue est-elle accouchée après les neuf mois révolus ? question. Ce qu'il y a de certain, et ce qui n'est pas plaisant, c'est qu'un enfant a été mis au monde et en nourrice près de la ville de Tours. On allait voir cet enfant le soir après la fermeture du magasin. Qui proposait ce pèlerinage ? qui couvrait de baisers ce poupon ? Hautelingue. Avec qui était-il ? avec sa femme et le complaisant M. Cazeau. Jusque-là, c'était bien ! Hautelingue, sa femme et Cazeau avaient peut-être chacun leurs raisons de faire ces visites; mais ce qui est inexcusable, ce qui rend les demoiselles Seguin coupables d'excitation à la débauche, c'est que Delphine était de toutes ces parties qu'on peut sans façon appeler *parties fines* : c'est que Delphine donnait toujours le bras à Cazeau dans l'obscurité, en tête à tête, à travers champs; tandis que Hautelingue était en avant ou en arrière, avec sa femme. Delphine était-elle protégée, oui ou non, contre les séductions d'un homme que les demoiselles Seguin toléraient sans cesse à côté d'elle ! ! !

Quelle est la seule accusation que les demoiselles Seguin seraient fondées à soutenir contre la mère? la voici : c'est qu'elles auraient dû avouer devant le juge que la mère de Delphine s'était trompée en leur confiant sa fille.

Qui ne voit pas que ces filles Seguin ont voulu tromper la justice? Qui ne voit pas que la prostitution étant vraie en elle-même, l'embarras de leur position les a entraînées à faire un témoignage mensonger contre une mère, à exploiter habilement des apparences innocentes.

Témoins, elles ont vu la dame Renard faire le ménage de M. Cazeau; souvent elle prenait sa fille chez elles pour l'aider; ses deux fils brossaient les habits, etc. : c'était quand madame Cazeau s'absentait quelque temps. La conséquence pour elles, n'en doutez pas, la voici : c'est que madame Renard conduisait elle-même sa fille à M. Cazeau, et qu'elle en favorisait la prostitution ! Mais il faut être fille Seguin pour affirmer une telle supposition : madame Renard en appelle à la population de toute la ville de Tours. Les femmes honnêtes, les gens de bien y sont en grand nombre ; qu'on les consulte, ils vous diront que les demoiselles Seguin seules sont capables de supposer qu'une mère puisse conduire sa fille en plein jour, chez un séducteur ; que la conduite de la mère, tenue publiquement, est la preuve de sa complète innocence, de la pureté de ses intentions : ce n'est pas avec cette loyauté que se comporte une femme qui prostitue sa fille ? non, mille fois non. Madame Renard, bonne et honnête épouse et mère, allait faire gratuitement le ménage d'un homme qu'elle ne connaissait pas encore de réputation, d'un homme revêtu de fonctions honorables, et elle était loin de s'attendre au malheur qui lui est arrivé. Pouvait-elle soupçonner de l'amour entre cet homme de 48 ans et sa jeune fille? elle ne le pouvait, elle en appelle au cœur de toute femme honnête ! aucune ne se serait arrêtée à cette triste idée pour une mère. Si la dame Renard ne soupçonnait rien, en était-il de même des demoiselles Seguin? non. Les demoiselles Seguin connaissaient Cazeau ; elles connaissaient toute son immoralité, et certes elles n'avaient pas tort d'en soupçonner les conséquences. Qu'en faut-il conclure? Que les demoiselles Seguin vont avertir la dame Renard du danger qu'elle court pour sa fille ? elles s'en gardent bien ! Que si le dame Renard est sourde à leurs remontrances, elles vont mettre Delphine à la porte et se décharger du soin de la surveiller ? encore moins!

Les demoiselles Seguin ne douteront pas que Delphine ne soit prostituée à Cazeau, que sa mère ne donne la main à ce commerce : eh bien ! les demoiselles Seguin conserveront chez elles la jeune Delphine. Que dis-je ! elles continueront à recevoir chez elles, sous les yeux de Delphine, le sieur Cazeau, coupable pour elles. Ce que la mère favorisera d'un côté, elles le favoriseront de l'autre ; elles le faciliteront même : les promenades ne seront que plus nombreuses, que plus joyeuses, que plus nocturnes. Voilà les demoiselles Seguin, voilà les témoins que la justice a reçus devant elle, voilà les femmes qui ont fait perdre à la dame Renard sa dignité de mère. Je vous entends déjà vous écrier avec moi, vous, bonnes mères et bonnes épouses, vous qui tenez tant à honneur votre réputation et celle de vos enfans : Oui, il n'y avait que des filles Seguin qui pouvaient ainsi en imposer et flétrir la malheureuse Renard.

Un mot sur Lemonnier, mari d'une demoiselle Seguin. Cet homme a fait sa déposition : si les demoiselles Seguin savaient quelque chose à la charge de la dame Renard, il devait nécessairement le savoir aussi. Il ne dépose rien d'important. On dira peut-être ici qu'il est au moins inutile de parler de lui. Inutile, non, très utile au contraire : un grand enseignement pour la morale, pour la procédure criminelle, résulte du silence de Lemonnier comparé aux suppositions de sa sœur et de sa femme. Lemonnier a très bien compris que sa position à l'égard de Delphine était claire, inattaquable en justice, et c'est pour cela qu'il a gardé le silence, tandis que sa femme et sa sœur, justement alarmées pour elles, craignant que le juge d'instruction ne lançât contre elles le terrible mandat d'amener, ont cherché à détourner les regards de la justice en accusant une autre personne du crime qu'elles avaient commis. En effet, si les demoiselles Seguin ont vu, Lemonnier a vu également. Lemonnier n'a rien dit, parce qu'il ne craignait rien pour son propre compte. Les demoiselles Seguin craignaient assurément, voilà le secret de leur déposition. Complices du séducteur, plus coupables que lui, à raison de la surveillance qu'elles devaient exercer sur Delphine, elles tenaient à se justifier ; elles ont bien compris que le seul moyen de dissimuler leur crime était d'en faire retomber tout le poids sur la mère ; et c'est pour cela qu'elles l'ont si bien servie! Couvrir une action odieuse par une action infâme, voilà leur tactique ! !!...

Dès le commencement de cette discussion, il peut se trouver que des personnes bien intentionnées se fassent cette réflexion : à quoi bon revenir sur la déposition des demoiselles Seguin ; elle s'applique au fait, et le fait est jugé en dernier ressort. La Cour de cassation, quand elle le voudrait, ne peut plus revenir sur le fait, elle juge en droit : oui, la Cour juge en droit ; mais prenez garde qu'il est fort essentiel de démontrer par un seul exemple, d'abord, entre plusieurs dans la même affaire, que des personnes ont conservé devant les deux tribunaux d'instance et d'appel une qualité qui ne leur appartenait pas ; qu'il importait a madame Renard que les demoiselles Seguin fussent au moins ses coaccusées, et que si le rôle d'accusées ne leur a point été donné, madame Renard a pu souffrir de leur déposition; son sort a dépendu devant ses juges de la fausse qualité de *témoins* donnée à ces deux demoiselles : cela est évident.

Bornons-nous à cette observation dont personne ne contestera la justesse. Nous verrons plus tard si on avait le droit de transformer des coupables en témoins; et si ce droit existe, parce que les membres de la chambre du conseil et le procureur du roi sont libres de penser ce qu'ils veulent d'une déposition quelle qu'elle soit, nous verrons à quelles conditions ce libre arbitre est accordé aux fonctionnaires publics : c'est là que se trouvent les moyens de cassation.

A présent qu'il est impossible de ne pas voir dans les demoiselles Seguin les auteurs du crime imputé à la mère, il faut bien se fixer sur les relations qui se sont établies entre Cazeau et les époux Renard.

Cazeau était commissaire de police en chef de la ville de Tours. A ce titre il avait droit à une certaine considération; mais sa conduite privée était odieuse: il ne se gênait pas de fréquenter les mauvais lieux; sa place elle-même lui en offrait le prétexte; ses supérieurs n'avaient rien à lui dire. Allait-il dans une maison de débauche, allait-il dans le lieu le plus suspect, il avait à dire que sa surveillance y était nécessaire, et il pouvait rattacher toute espèce de démarche, quelque honteuse qu'elle fût, à un motif d'intérêt public. Les hommes de son genre n'y manquent pas : petits et grands savent cacher les actions les plus viles sous les apparences du bien public.

Nous avons dit que c'était le 13 juillet 1833 que Delphine est entrée chez les demoiselles Seguin, que Cazeau avait ses entrées franches dans cette maison. Ce n'est que 23 mois après cette époque qu'il s'est présenté chez les époux Renard.

En juin 1835, à une table d'hôte, il a engagé la conversation avec Renard père, il lui a parlé d'une gentille demoiselle qu'il avait vue chez les filles Seguin. Dans sa position, comme commissaire de police, il a cru qu'il pouvait profiter de son titre pour demander à Renard ce qu'il faisait, quel était son âge et d'où provenaient ses infirmités. Il a fini par lui offrir ses bons offices pour obtenir une retraite dans le cas où il ne pourrait plus exercer son état. Renard sera-t-il un malhonnête homme, lorsque, sur de telles avances, il aura jugé favorablement d'un commissaire de police, et cherché à faire sa connaissance? N'invite-t-on pas toujours à venir chez soi les personnes dont l'amitié peut être utile? Et parce que madame Renard elle-même aura bien accueilli M. Cazeau présenté par son mari, parce qu'elle l'aura traité avec beaucoup d'égards, qu'elle lui aura prodigué les attentions les plus délicates, en faudra-t-il conclure qu'elle cherchait à compromettre sa fille!

Qui donc a tiré cette conséquence? Ce sont les demoiselles Seguin. Mais faut-il répéter que les demoiselles Seguin connaissaient le motif des assiduités de Cazeau chez la dame Renard, tandis que cette mère ne s'en doutait pas, tandis qu'elle ne pouvait pas s'en douter ! A qui fera-t-on croire encore une fois, excepté aux demoiselles Seguin, que madame Renard va s'imaginer que le commissaire de police de son quartier, âgé de 48 ans, marié, père de famille, chargé par état, de surveiller les mœurs, va se prendre d'une belle passion pour un enfant au-dessous de 15 ans, et qu'il est homme à abuser du bon accueil qu'on lui fait ?

Qu'on y prenne garde : il y a méprise. Et de même qu'en détruisant la déposition des demoiselles Seguin, on a invoqué la bonne foi des démarches de madame Renard chez M. Cazeau, accompagnée de sa fille ; de même madame Renard invoque en faveur de son innocence, de son ignorance, la réception honorable qu'elle faisait à M. Cazeau dans sa maison. Ne sera-t-il plus permis de recevoir une personne chez soi sans se compromettre? et deviendra-t-on par là complice de ses crimes ? Madame Renard a été trompée, mais elle n'est pas la première; et si on l'a calomniée sur des actions innocentes, que dira-t-on des maris qui partagent tous les momens de leur vie, qui reçoivent à leur table le séducteur d'une jeune épouse ? On dira qu'ils sont trompés ; on leur appliquera ce mot qui leur est commun avec madame Renard : Imprudent, qu'avez-vous fait ! Mais faire un complice de la victime elle-même ! mais prétendre que la personne qui a le plus d'intérêt à éviter un scandale, un déshonneur, est précisément celle qui le favorise, voilà ce qui est absurde ! voilà ce que personne ne pourra s'imaginer, pas même les demoiselles Seguin !

On insiste et on dit : S'il n'est pas naturel à une mère de prostituer sa fille, il serait cependant possible qu'elle se laissât entraîner par l'intérêt : l'or a produit tant de merveilles...... L'argument est fort, il sera victorieusement combattu.

C'est ici, Cazeau, que nous devons entrer en lice. Jusqu'à présent tu n'étais qu'un séducteur, mais tu es plus....... tu vas devenir un scélérat, indigne de la commisération : Anatole de Mallet n'est plus qu'un honnête homme à côté de toi. Tu aurais dû te contenter de ravir une jeune fille à ses parens, à leur amour, à leur tendresse; mais tu devais t'en tenir là. La digue est donc enfin rompue! tu as reçu de l'argent! qui le croirait? qui s'en serait douté? O Providence ! Toi, Cazeau, tu as trompé ce bon M. Renard ! que de crimes à la fois ! ! ! Qui se serait imaginé tant de ruses et tant de perfidie.

Cazeau était endetté à Tours ; il n'avait pas encore complété son mobilier, il l'avait à cœur. Une occasion favorable se présente : il raconte au sieur Renard tous les secrets de la police ; il s'insinue dans son esprit, et en échange Renard lui parle de ses affaires : il lui dit que les objets mobiliers qu'il adjugeait à l'enchère étaient vendus à vil prix, qu'il avait du regret de n'en pas avoir besoin pour lui. Quel trait de lumière pour un Cazeau ! Comment, dit-il à Renard, mais j'ai, moi, besoin de telle chose, de matelas, etc.; achetez, saisissez une bonne occasion. Effectivement le pauvre Renard acheta, paya, et ne fut jamais remboursé. Que dis-je ! Cependant il reçut des billets ; hélas ! ils n'ont jamais été payés, et il a perdu tout son argent ! Apparemment qu'en échange de ce service, Cazeau lui a, par réciprocité, livré quelque belle ? pas du tout. Cazeau a fait enlever les meubles achetés et payés par Renard ; il n'a remboursé ni le sieur Renard ni ses autres créanciers, et son fils vient nous dire ensuite que c'est le sieur Renard qui a mis la clef sous la porte et a disparu.

Au moment où Renard s'engageait à acheter les objets mobiliers qu'il trouverait à la convenance de Cazeau, il était malade, privé d'aller aux ventes ; il a chargé ses confrères de sa commission qu'ils ont fidèlement remplie : ainsi les époux Renard invoquent le témoignage des crieurs publics de Tours, des commissaires-priseurs, des banquiers, entre autres de M. Levillain ; ils ne doutent pas qu'ils ne s'empressent un jour de venir à leur aide, de les appuyer de leur témoignage : c'est un vieux compatriote qui les conjure de le servir en honneur.

Quel mal trouvez-vous, dira-t-on, à ce que M. Cazeau charge un crieur public de ses amis, d'acheter pour lui quelques pièces de mobilier? Aucun. Rien n'était plus naturel ; mais le point où le mal commença, où l'indélicatesse apparut, c'est lorsque M. Cazeau a souffert que Renard payât de sa bourse des commissions acceptées par obligeance ; c'est de n'avoir pas immédiatement remboursé le sieur Renard ; c'est de lui avoir fait des billets qu'il n'a pas payés. Eh bien! de tout cela on l'excuse encore !!! mais ce qui doit particulièrement fixer l'attention de tous les hommes d'honneur, ce qui provoquera le mépris universel, c'est qu'on ait osé prétendre que ces billets avaient pour origine, pour cause, la prostitution de Delphine ! c'est qu'on ait osé soutenir que des dettes d'honneur du sieur Cazeau étaient la représentation de l'infamie des parens de Delphine. Voilà Cazeau ! le voilà! A présent, vous qui le jugez déjà, liez-vous d'amitié avec des scélérats, ils vous raviront l'honneur de votre fille, ils boiront votre vin, ils voleront votre argent et vous déshonoreront en prouvant que vous les avez fréquentés.

Battu sur la seule question importante du procès, Cazeau va recourir à un autre moyen : il va parler d'argent ; il en a bien envie, mais il est si pauvre et si connu pour insolvable, qu'il craint d'en être pour l'imposture. N'importe! il en dira quelque chose : alors voyons-le venir ! Ce sont trois pièces de 5 fr. que M. le commissaire de police a comptées à Delphine et à sa mère, trois mois après la séduction consommée. Que tu es généreux , Cazeau !!! tu sais ménager l'argent et la délicatesse, car tu ne paies qu'après..... et encore trois mois après . . . .

Femme cupide, si madame Renard avait continué long-temps ce genre de vie, qu'elle serait devenue riche! Le Gascon, né à Saint-Gaudens, avait compté sur l'effet produit en justice par les billets, et voilà pourquoi il ne nous a pas jeté ses millions à la figure.....

Jugeons-le par ses œuvres.

COPIE TEXTUELLE.

« Mon cher Monsieur RENARD,

« Comme mon absence durera plus d'un mois « peut-être, je vous prie d'engager M. Levillain, agent « de change, à m'accorder *encore* un petit renouvel« lement; dites-lui que malgré que la somme ne soit « pas forte, il me rendra un grand service dans cette « circonstance, dont je lui serai bien reconnaissant. « Veuillez lui payer l'intérêt, et je vous rembourserai. « M. Villain est très obligeant (il le faut bien, son dé« biteur est parti); mais n'attendez pas le dernier « moment pour lui parler.

« J'ai le plaisir de vous saluer avec considération,

« CAZEAU. »

Il paraît que les fonds secrets ne s'abaissaient pas jusqu'à la poche du commissaire de police. M. Levillain n'a pas voulu renouveler, et, sur la menace d'un protêt, Renard, endosseur, a remboursé.

M. Cazeau, dit-on, n'était pas tel que vous le faites: il a commis une faute, il en convient; mais, d'autre part, il est fort honorable: il a servi, il a été militaire. Belle réponse, ma foi! S'il a été bon soldat, tant mieux! N'a-t-il pas été mauvais citoyen, magistrat indigne? Prenez garde, dit-on encore, il a de bons certificats : le maire et le préfet de la ville de Tours les ont signés; ils ont connu en lui un bon commissaire de police, plein de moyens, habile à exercer ses fonctions, ami du roi..... Cazeau, ami du roi! Oui, à mille écus par an. Ah! que le roi serait à plaindre, si M. le préfet et tous les fonctionnaires amovibles n'éprouvaient pas d'autres sentimens pour Sa Majesté. Empressons-nous de dire qu'il en est tout autrement : l'exception n'est pas la règle.

Mais ces certificats n'appartiennent pas à Cazeau, ils appartiennent à son fils qui le remplace; ils ont été sollicités, obtenus par lui; il y a mieux, de tels certificats ne pouvaient pas être refusés par ceux qui les ont faits.

Le maire de la ville de Tours doit un compte sévère de sa conduite administrative à ses concitoyens, il est soumis à l'élection ; le préfet est placé sous le contrôle d'un ministre. Ces deux fonctionnaires publics devaient attester que Cazeau était un honnête homme, un bon commissaire, etc.....

S'ils ne l'avaient pas fait, si leur bonne foi était suspecte, il faudrait les comparer au commissaire de police lui-même ; ils seraient inexcusables de n'avoir pas provoqué la destitution d'un commissaire de police corrupteur de la jeunesse. C'en est assez, laissons de côté des certificats sans importance ; mais convenons d'une chose : que le maire et le préfet de la ville de Tours avaient ignoré le mal et ne connaissaient que le bien. Hommage à leur probité ! leçon pour l'avenir !...

Passons à un autre point. Un fait malheureusement trop certain existe : Delphine, au mois d'octobre 1836, est devenue enceinte. La réflexion veut qu'il soit plus difficile à une mère qu'à tout autre de pénétrer le secret de sa fille. Le mystère dont les amans s'environnent, l'accord qui règne entre eux, voilà l'obstacle naturel et souvent insurmontable : en sorte que, sans la grossesse survenue plus tard, il est vraisemblable que la mère n'aurait jamais rien su du déshonneur de sa fille. Certaines observations avaient bien été faites par la mère, mais pour ne pas éveiller la curiosité de sa fille, qu'elle croyait innocente, elle s'était bornée à les garder pour elle. Les apparences matérielles s'offrent à sa vue ! Ah ! vous, femmes sensibles, parce que vous n'avez pas été témoins des larmes de cette mère, prétendez-vous qu'elle n'en ait pas versé ? Parce que sa douleur aurait été cachée, pensez-vous qu'elle n'ait pas éprouvé de douleur ? Où sont les témoins ? dit-on. Mais la situation de Delphine enceinte, mais la position de l'une et de l'autre, tout enfin commandait de ne pas en prendre, et cependant il s'en est trouvé..... dans ce grand jour où le coupable était découvert, où M. le commissaire de police était si petit, où sa place et son dévouement au roi allaient disparaître si l'orage éclatait, si un seul cri de la mère venait armer d'indignation toute la ville! Un grand scandale était imminent. C'est ici qu'on ne refusera rien à son esprit, à ses moyens : il a fallu bien des discours, bien des supplications, bien des protestations pour apaiser les foudres maternelles prêtes à réduire en poussière le scélérat caché sous l'habit de commissaire de police.

Grande a été votre faute, madame Renard! Vous vous êtes apitoyée sur le sort d'un homme en place, sur la position de votre fille ; vous avez cru aux promesses, vous avez pensé que le malheur étant considérable, il était de votre prudence, de l'intérêt de votre fille et de l'enfant qu'elle portait, de ménager cet homme; et pour n'avoir pas usé de votre droit, pour n'avoir pas employé les moyens dont pouvait disposer une mère outragée, *vous avez préparé vous-même l'affront qu'on vous a fait.*

Expliquons-nous ici : Les époux Renard innocens étaient loin d'avoir à se reprocher la grossesse de leur fille. A cette époque ils pouvaient dénoncer M. Cazeau : ils ne l'ont pas fait; et, au lieu d'en venir là, ils ont traité avec lui; et, leur marché a été un marché de dupes. Ils n'ont pas réfléchi que l'accommodement bon ou mauvais avait pour résultat les allées et venues de M. Cazeau dans leur maison; que les affaires d'intérêt qui découleraient de cet état de choses, les mettraient en évidence sur la sellette, côte à côte avec le coupable. Semblables à ceux qui n'ont jamais eu la pensée du crime, qui ont toujours compté sur la pureté de leurs intentions, et qui, sûrs de leur conscience, ne *réfléchissent* pas même sur les conséquences d'une action que la malignité publique pourrait interpréter contre eux, ils ont abordé franchement la question d'intérêts soulevée par l'état de leur fille. Mais indépendamment de ce qu'ils se sont laissés tromper par un homme hors d'état de tenir à ses engagemens, ce qu'ils ignoraient alors (l'acceptation des billets en réglement de meubles en est la preuve), ils ont eu le tort de parlementer avec lui, soit chez eux, soit chez lui. Les entrevues ont été d'autant plus nombreuses que l'insolvabilité du coupable était plus réelle, et c'est ainsi que deux mois de promesses fallacieuses mais légitimes envers les père et mère, auront donné le change à l'opinion publique; sa terrible voix se sera fait entendre au loin d'abord, mais plus distinctement ensuite.

Madame Renard a consenti au malheur de sa fille, car, *supposez, aura-t-on dit, qu'elle ignorât la liaison; criminelle, avant la grossesse*, elle ne l'ignore plus maintenant, et cependant le séducteur revient chez elle, comme auparavant, en sorte que ceux qui se seraient refusés à croire à l'infamie d'une mère, n'ont pu résister à l'évidence matérielle résultant du bon accord que, dans le voisinage, on croyait remarquer entre les père et mère et Cazeau, séducteur avoué de leur fille.

La réputation de madame Renard était l'enjeu de cette funeste transaction; elle ne l'a pas compris, c'est une faute et non un crime. Le public s'est trompé, mais la dignité maternelle est restée debout au milieu d'un déluge de calomnies et de diffamations : voilà ce qu'il ne faudrait jamais oublier...

Qu'on se représente un vieillard septuagénaire, alité depuis deux ans, une femme absorbée dans son chagrin, tous les deux comptant sur une bonne renommée acquise par dix-huit années de travaux dans la même ville, et on ne s'étonnera plus de leur impassibilité ! La justice doit-elle, comme le public, s'en tenir aux apparences ; et n'a-t-on pas dit avec raison que les apparences étaient trompeuses : en est-il un exemple plus frappant ?

L'homme a reçu de la nature une faculté sans laquelle on peut affirmer qu'il ne vivrait pas : l'espérance le console de tous ses maux ; l'espérance, cette dernière ressource du malheur, a été suggérée aux époux Renard. Cazeau leur a fait les réflexions suivantes : Deux partis sont à prendre : celuide me perdre, il ne vous convient pas ; ma place est ma seule ressource : une fois que je ne l'aurai plus, tout sera fini pour moi ; mais vous ne resterez pas moins avec vos soixante-dix ans, vos trois enfans et une fille devenue mère sans époux. Ainsi le bon sens n'admet pas que vous me perdiez, n'y pensons plus. (Il ne manque pas dans le monde de gens très sensés qui se seraient laissé prendre à ce discours). Un autre parti (et c'est là qu'était l'habileté de Cazeau) bien meilleur vous reste à prendre : il faut quitter la ville de Tours, vous n'y pouvez plus vivre,

On parlera de vous et de votre fille; à tort ou à raison; on mettra sur votre compte la faute qu'elle a commise, y pensez-vous? vous serez déshonorés. Il s'appuyait adroitement sur la rumeur publique qui ne ménageait plus madame Renard, assez bonne pour recevoir encore l'auteur de la grossesse de sa fille. Aussi leur dit-il : Braves gens, partez ; et tout bas en lui-même: débarrassez de votre présence M. le commissaire de police. Si vous partez, tout ne sera pas perdu....... Voilà comment nous nous y prendrons : d'abord en ce qui me concerne, j'obtiens de l'administration un congé de deux mois ; je prétexte un voyage à Saint-Gaudens pour affaire de famille; ma mère est malade, etc... Au lieu d'aller à Saint-Gaudens, je vais à Paris ; mes connaissances y sont nombreuses (on verra si elles sont honorables). Cazeau part pour Paris, après s'être assuré que le mystère serait gardé, au moins vis-à-vis des autorités de la ville de Tours.

Ses connaissances, il les trouve bien vite : à Paris, il a la parole libre, il ne craint pas de scandaliser les oreilles de ses intimes. Il n'a que des peccadilles à leur annoncer : une fille enceinte, c'est un malheur qui peut arriver à tout le monde! Et après tout, quand on est d'accord avec les parens, quand on est assuré qu'il n'y aura pas d'éclat, on peut s'ouvrir la carrière de la calomnie, on peut aller jusqu'à dire que la mère l'a bien voulu....

Vous tous qui avez pensé que madame Renard était coupable, prêtez-moi quelque attention. La réhabilitation d'une mère l'exige : je veux vous parler des époux Nacle, de ces gens qui ont fait condamner madame Renard pour éviter de l'être eux-mêmes. Cazeau les connaissait bien ; suivons-le dans ses démarches, nous le verrons faire son entrée chez l'épicier de Montreuil. Grande a été la surprise, grande aussi a été la joie.

O jour de bonheur ! des anciens compagnons de débauche se retrouvent, ils s'embrassent. Digne entrevue ! Que de souvenirs ! On ne peut pas tout se dire à la fois, c'est trop long. Ce cher monsieur Cazeau ! ce brave commissaire, qui ne nous faisait jamais de procès-verbaux; qui nous donnait sa clientelle, quand nous tenions maison à Tours ! Qu'y a-t-il pour votre service ? parlez ? nous sommes tout prêts : disposez de nous. Il n'y a pas à se gêner en si bonne compagnie. Cazeau ne se gêna pas. Delphine est enceinte, voilà toute l'affaire; les époux Nacle savaient le reste. Eh bien ! je suis obligé, et pour ma place et pour mon fils, de la faire sortir immédiatement de la ville de Tours, où sa présence peut me déshonorer ; mais le malheur, c'est que la mère ne veut pas quitter sa fille ; c'est que l'époux malade ne peut pas quitter sa femme, c'est que deux enfans en bas âge ne peuvent pas quitter père et mère.

Dans quel embarras je me trouve ! me voilà chargé de cinq personnes, non compris le fœtus. Je n'avais pas fait ces réflexions quand je séduisis la fille, et que je trompais les parens. Un point d'exclamation s'il vous plaît ! ... Madame Nacle, plaignez Cazeau? plaignez-le?? il est au revers de la médaille; c'est sa faute et c'est la vôtre.

L'embarras était grand: sept mois de grossesse ne permettaient pas de retard, les yeux étaient entr'ouverts à Tours; le sommeil, des autorités ne pouvait être long; la vindicte publique allait défendre les mœurs outragées par un magistrat, par les filles Seguin, par les époux Nacle.

Nos trois chenapans comprirent cela sans phrases, à demi mot, tant les gueux sont homogènes.

On cherche dans Montreuil, on s'arrête devant un écriteau: Boutique, arrière-boutique, chambres, etc., voilà l'affaire! Delphine sera marchande: de quoi? peu importe. D'ailleurs il y a un moyen: Renard connaît les prix, il instruira sa fille; la Renard est bonne pour écumer la marmite, les deux gamins feront les courses à Paris, porter et reporter les paquets. C'en est fait, la jolie couturière, la demoiselle d'honneur de mesdemoiselles Seguin, l'ex-favorite de M. le commissaire de police, sera marchande de bric-à-brac, vieux habits, vieux galons; madame Nacle achevera son éducation, M. le commissaire de police fournira des traites sur Levillain, son banquier, pour acheter des marchandises; il lui écrira des lettres sentimentales à l'échéance. Là dessus, on loue: tous les trois, on avait de l'esprit comme quatre. Quelle invention! quelle sagacité dans les moyens. Vive M. Cazeau et la famille Nacle! l'embarras est fini, il n'y a plus qu'à se divertir, boire, manger, et conduire madame au poulailler du théâtre! le valet de service en sera quitte pour enlever les ordures.

Tout beau, Cazeau! courte joie, mon cher! les lettres de Delphine (restée à Tours) ne vont pas se faire attendre; semblables à ces fantômes de l'antiquité, elles vont apparaître partout, à tout moment, dans ton sommeil comme dans le jour; pas de détours dans les phrases, elles sont claires, précises, il faut y répondre........

Ne t'afflige pas, ma chère amie: loin de toi, je suis encore avec toi, ta charmante image est toujours là, j'ai pensé à toi, à tes bons parens, je savais bien que je trouverais notre affaire. Cette bonne madame Nacle m'a aidé; tu la connais cette honnête femme: par ses soins, l'enfant de Cazeau sera casé, sa jeune mère et ses vieux parens; j'ai trouvé un écriteau merveilleux! Viens, ma chère amie, dis à ton père que le moment est venu: il peut désormais renoncer aux 1,200 francs de rente que lui font les commissaires-priseurs de la ville de Tours; un sort bien meilleur l'attend ici. Fais en sorte qu'il vende son mobilier, le lit de sa femme et de ses enfans!!! O scélérat! ô Cazeau!

Ce qui fut dit fut fait: les époux Renard ont fait la sottise de renoncer à leur pension et de tout vendre. Il y a pourtant une petite différence entre eux et M. le commissaire de police: c'est qu'ils ont laissé entre les mains d'un crieur aux ventes, les gros meubles avec mission d'acquitter les dettes criardes et uniques de Renard père. Il y a cette autre différence, c'est que Renard vendait des meubles dont il avait payé le prix, tandis que M. le commissaire de police s'est approprié la valeur de ceux qu'il n'avait pas payés! Moraliste, concluez! détracteurs de cette honnête famille, choisissez entre elle et M. Cazeau, entre elle et vous, si bon vous semble.

Lecteur, on vous fera grâce de tous les détails du voyage ; il n'y a qu'un trait qui soit bon à vous signaler, mais vous l'avez deviné. Le voyage de la famille de Tours à Paris a été payé par Renard : *le prix de ses meubles a servi à le ruiner;* 10 francs restaient dus au conducteur Levis, demeurant rue des Poulies, n. 8 ; la pendule encaissée reste en dépôt chez le limonadier Lafolie, rue Saint-Honoré, en face des messageries. Les époux Renard n'ont pas porté à temps ces 10 francs ; Cazeau les a portés, *il a pris la pendule* PENDANT LE PROCÈS ; il a escroqué cet autre et dernier meuble des époux Renard, meuble qu'ils affectionnaient tant, qu'ils avaient pris la peine de le faire encaisser à Tours pour l'emporter avec eux.

Ce meuble doit être au Mont-de-Piété. — Avis à M. le procureur du roi. Lafolie et sa femme, le sieur Levis et le sieur Dauphin, menuisier, rue du Faubourg-Poissonnière, 78. (Témoins.)

Désormais, sans argent, sans crédit, sans ressources, Renard va se planter entre quatre murailles, chargé d'une femme et de trois enfans dont l'un est déshonoré. Ah! plaignez-le tout de bon, et de tout votre cœur, s'il a reçu chez lui l'infâme séducteur de sa fille; plaignez-le, car vous voyez qu'il est dupe de tout point, et ce serait vous faire offense que de vous affirmer que ni lui ni sa femme ne conduisaient pas leur fille à son séducteur.

Ce malheureux voyage avait un motif bien plus grave : il s'agissait bien de séduction ; une femme enceinte de huit mois n'a plus à craindre les séductions de personne ; le respect que nous avons tous pour notre mère est là, gravé au cœur de l'homme ; et ce qui fait l'éloge de notre pauvre nature, ce qui la relève à nos yeux, c'est que Cazeau lui-même a respecté Delphine ; sa victime, enceinte de huit mois, était désormais en sûreté.

On a fait grand bruit, dans la procédure, de ce séjour de Cazeau dans la maison Renard, à Montreuil; c'est là surtout qu'on a voulu prendre la mère en flagrant délit.

Ceux-là n'ont pas réfléchi à l'état avancé de la grossesse, à l'impossibilité physique ; à l'impossibilité morale, que, sous les yeux de père et mère, en présence de deux enfans de douze à quinze ans, une monstruosité était impossible. Ils n'ont pas assez réfléchi ! Que dis-je ? ils ont perdu de vue la malheureuse position des époux, ruinés par les conseils du séducteur de leur fille, sans pain et sans ressources, à la merci de leur ennemi. Et si on répondait aux plus incrédules : le crime doit être volontaire pour être punissable, quel moyen les époux Renard avaient-ils d'expulser Cazeau de chez lui. Ils n'en avaient qu'un, c'était d'aller tous ensemble à l'hospice de la Pitié, de raconter les fourberies de M. le commissaire de police. Ah! ils y auraient trouvé l'asile dû au malheur......... Ombre de Manuel, vous qui avez fondu le plomb que nos héros de juillet ont logé dans la poitrine des Suisses! on vous accuse d'intelligence avec les ennemis du genre humain! vous qui laissâtes autrefois les poumons de l'intrépide champion de la liberté, sur le champ de bataille, orné d'une tribune marbrée, comme le cœur de vos ennemis! *on dit que vous avez favorisé les séides du despotisme, parce que vous étiez au milieu d'eux*. Des Seguin, des Nacle et le triumvirat des Cazeaux s'attaquent à vous! ils osent ternir le tableau si éclatant de votre gloire!!!

Est-il nécessaire de dire un mot d'une épithète prononcée à Montreuil par la dame Renard : son gendre? Oui, cette mère, a appelé Cazeau son gendre, elle l'a fait passer pour son gendre, et voilà votre jugement. O opinion publique si respectable! voilà vos arrêts! faudra-t-il donc toujours frapper du même anathème la victime et le coupable?

Mais si les époux Renard avaient accepté le local, l'emploi qui leur était destiné, si tout cela devait se faire sous le nom de leur fille, pour elle et pour son enfant, il fallait bien que le baptême nuptial descendît sur sa tête pour l'entourer d'estime, pour cacher sa faute; il fallait bien que la couronne virginale parût, aux yeux du monde, avoir été détachée par sa mère ; il fallait que le public pensât que la fille avait naguère été conduite au lit nuptial par la mère elle même. Voilà ce que tout le monde aurait compris avec la réflexion la plus mûre, la plus solide, la plus convenable à la dignité de cette honorable et si malheureuse mère. On a tranché plus d'une tête sur des apparences moins fortes. L'histoire a réhabilité les victimes.

Madame Renard n'est pas une femme honorable, vous allez la voir à l'œuvre. Ecoutez : inutile de vous dire que les marchandises n'arrivèrent point ; vous connaissez trop bien l'habitant de Saint-Gaudens : les promesses, voilà tous ses frais, voilà tous ses déboursés ; il n'en peut pas faire d'autres. Comment peut-on s'occuper de commerce quand le négociant futur est un enfant, quand cet enfant doit sous peu en mettre un autre au monde, cela est impossible. Attendons la délivrance, dit Cazeau ; on a vécu quelque temps sur cette nouvelle chimère ; la délivrance arrive, il n'en est pas de même des marchandises.

Voyez madame Renard : elle a son mari au lit, deux enfans en bas âge, sa fille et un enfant adultérin ; vous connaissez ses moyens d'existence, que va-t-elle faire? exposer de nouveau sa fille ! A cette idée l'amour maternel se révolte, l'autorité de la mère reparaît après le danger de l'accouchement passé. Hé bien! avez-vous deviné ce qu'elle va faire? Elle va chasser Cazeau d'une maison dont il est le locataire, dont il a fait jusqu'alors les frais d'ameublement; elle va le chasser, si bien que ni ses plaintes à M. le maire, ni les larmes de sa fille, rien ne pourra lui faire révoquer son arrêt, arrêt sublime! Le juge était assis sur un volcan, il était aux prises avec la misère, ses enfans allaient mourir de faim; le tableau le plus déchirant s'offrait aux yeux d'une mère, d'une épouse, n'importe! l'arrêt fut prononcé et maintenu.

Et les juges se sont contentés d'admettre des circonstances atténuantes! les juges se sont trompés, ils ont commis une grande erreur; cette erreur doit être réparée, *errare humanum est!* Nous verrons bientôt comment ils se sont trompés; nous touchons au moment de l'indiquer. Mais continuons notre récit.

S'il importait de signaler tous les détails qui précèdent, il importe bien plus encore de ne rien omettre de ce qui va suivre : Cazeau, sa vie, ses actions, ses intrigues, tout est à nous, signalons-les; c'est un devoir que prescrit la justification d'une mère outragée!!!

Dans l'impossibilité de rentrer chez lui, bien constatée par tout le monde, Cazeau est obligé de louer une chambre dans le voisinage et de ne plus reparaître à son propre domicile : c'était un pas de fait vers une meilleure conduite, un avertissement sans frais, qui lui était donné par sa prétendue belle-mère... mais ce n'était pas assez. De là, il s'attendait bien à exploiter encore la pauvre madame Renard; et en effet, sitôt qu'elle était sortie, ses intelligences secrètes avec Delphine reparaissaient; la malheureuse enfant, sourde à tous les conseils maternels, entraînée par un penchant que sa position de mère semble excuser, se rendait auprès de lui, dans sa chambre. Ce manége se répète si bien que la dame Renard s'en aperçoit. Enfin elle veut s'y opposer, même de vive force. C'est alors que des scènes de tout genre, des scènes de violence, d'injures, constatées à la mairie, se reproduisent sans cesse: et, forcent Cazeau à quitter décidément sa nouvelle chambre, et même la ville de Montreuil, sans emporter ses effets, avec les seuls habits dont il était alors vêtu.

Elle avait des droits bien sacrés, cette mère, pour le chasser ainsi, en si peu de temps, de deux domiciles. O mères de famille, est-ce ainsi que vous prostituez vos enfans? ou bien vos efforts seraient-ils impuissans pour les sauver?

Ni les conseils, ni les reproches d'une mère ne détourneront jamais une fille d'un premier amour; c'est là le motif qui nous a décidés à en bien préciser l'origine, à constater que madame Renard y était étrangère, et, ce qui devait arriver, arriva en effet: Delphine a disparu, Delphine est perdue, pleurons sur son aveuglement. Mais poursuivons l'odieux Cazeau; que le mépris public fasse justice de ses manœuvres.

L'embarras va toujours croissant pour madame Renard; elle n'a plus sa fille, elle ne la reverra peut-être plus : impossible de la découvrir. Pendant ce temps, on a vécu sur les débris d'un mobilier vendu à Tours. Cette faible ressource n'existe plus, Renard n'a plus rien. La compassion vient à son secours, il est placé à Bicêtre par les autorités : c'est là, le sort qui attendait l'honnête vieillard aux portes du tombeau ; c'est là le sort que lui ménageait Cazeau : est-il content maintenant? Un père irréprochable, entouré de l'estime de tous ses compagnons de travaux à Tours, cet homme est placé dans un hospice : il ne verra plus ses enfans, il ne verra plus sa femme que rarement : tous les sentimens les plus doux de la nature ne lui seront permis que pour lui arracher des larmes de sang!

Ah ! Cazeau, voilà votre ouvrage ! Étonnez-vous qu'on vous poursuive, qu'on vous abatte, qu'on vous traîne dans la boue ! Mais cette mère, vous l'avez privée de sa fille ; vous la privez de son époux, du père de ses enfans................. Tout cela n'est rien encore, nous allons vous voir préparer la perte de madame Renard, organiser la plus affreuse combinaison, et, par vos manœuvres, enlever à cette mère le seul bien qui lui reste : l'honneur! Et s'il nous était impossible de le prouver, entendez-le bien ! on n'en doutera pas : tant mieux pour vous, il s'agit de votre chef-d'œuvre ! la gloire de Cazeau est à ce prix.

DEUXIÈME PARTIE.

MOYENS DE CASSATION.

Les époux Renard ont porté leur plainte le 23 août 1837. Etait-ce un droit? était-ce un devoir? Oui. Ils s'imaginaient de bonne foi que la police allait se mettre sur les traces de Delphine et la rendre à leur tendresse ! ! Vaine illusion ! Delphine est introuvable..... pour ses père et mère. Elle paraît devant le juge ; elle promet de revenir. Sa mère, qui a porté plainte pour la revoir, ne la reverra plus. Quand une fille sait se conduire, elle n'a plus besoin de sa mère ; la protection de M. de Belleyme est inutile pour elle.

Si vous lisez ces lignes, préparez-vous à savoir ce que vous n'eussiez jamais soupçonné. Et, si jusqu'à présent encore, Cazeau n'était à vos yeux qu'un mauvais sujet, qu'un homme assez vil pour ruiner les parens de sa maîtresse, vous ne connaissiez pas toute l'étendue de sa scélératesse. Il faut voir Cazeau, revêtu des insignes de satan, couvert de sa livrée, marcher de crime en crime ; il y va de sa place, tous les moyens sont bons.

Retenez bien ces paroles : si la plainte des époux Renard est reçue favorablement, c'en est fait du commissariat ; il n'y faut plus compter ! rien ne l'arrêtera donc : il fera des prodiges d'horreur ! Sous le nom et sous la signature de Delphine, il fera passer au juge d'instruction un libelle épouvantable contre madame Renard, signé Delphine, sa fille. Ce libelle sera si odieux que plus tard des magistrats honorables n'oseront pas le lire à l'audience ; ils se cacheront pour en prendre connaissance, par devoir. Ce n'est pas tout, après avoir soufflé son venin sur la fille, après avoir empoisonné le Palais de la Justice des calomnies les plus infâmes, après avoir conduit la main d'une fille contre sa mère, il ne s'arrêtera pas en si beau chemin. De son côté, et en son nom personnel, il écrira contre madame Renard, il sollicitera contre elle ; les moyens les plus atroces, il les emploiera.

Ah ! je vous en préviens, ce n'est pas lui qui agit, c'est un démon. S'il en était autrement, s'il avait eu la liberté d'esprit qui lui était si nécessaire pour conserver sa place, au lieu de devenir un grand coupable, il envoyait Delphine à ses parens qui la réclamaient ; il s'excusait devant le juge. La justice eût ignoré la plupart de ses méfaits, et il était possible qu'il s'en tirât sans éclat. Telle n'était pas sa destinée. Le crime a des degrés, il en reste toujours à franchir, et Cazeau ne s'arrête pas qu'il n'ait atteint le sommet de l'échelle.

C'est le 18 septembre que Delphine envoie son Mémoire ; ainsi, à comparer cette date avec celle de la plainte, on trouve qu'il n'a pas fallu moins d'un mois au fameux Cazeau, si plein de son sujet, pour faire preuve de tant de fiel et de tant de calomnies !

Pourquoi donc cette date ? il n'a pas encore comparu ; il présente sa défense, sous le nom de Delphine, avant d'être légalement attaqué. — Ne comprend-il pas qu'on le cherche, lui et Delphine ? Ne comprend-il pas que le moyen le plus simple d'atténuer ses torts, c'est de rendre une mère si odieuse, si méprisable, que désormais la vertu du juge hésitera entre elle et lui ; que si le juge n'admet pas des faits articulés par une fille contre sa mère, l'impression de ces faits n'en restera pas moins dans son esprit ; que cette impression servira de passeport à toutes celles qu'il lui plaira d'inventer pour la fortifier. Quoi de plus propre, en effet, à paralyser tous les ressorts de la justice, que de représenter le plaignant lui-même comme cent fois plus coupable que le prévenu ! Quoi de plus subtil pour déterminer un magistrat à suspendre, au moins momentanément, l'effet du terrible mandat d'amener lancé contre le délinquant !

La ruse était bien combinée : le succès l'a justifiée à ses yeux ; mais il ne fallait pas s'en tenir là, il ne fallait pas laisser se refroidir l'indignation du juge contre une mère ; aussi que fait-il ? Le 23 septembre, cinq jours après, il écrit lui-même à M. le juge d'instruction. Inutile de dire (c'est marqué sur sa figure) qu'il fait, ce qu'on appelle en termes vulgaires, le pied plat, qu'il se prosterne devant la justice et devant le mérite du juge qu'il n'a jamais ni vu ni connu. Il ourdit une autre trame, il enchérit sur le Mémoire de Delphine, il est parfaitement d'accord avec elle, et à l'aide de toutes ces manœuvres, le voilà devenu plus malheureux que coupable aux yeux de la justice! O perfide! ô commissaire de police! voilà donc tout le fruit qu'il a retiré de l'exercice de ses fonctions! La moralité qui lui en est restée, c'est l'assimilation de sa pensée avec celle des coupables qu'il a poursuivis.

Cazeau, battez le fer pendant qu'il est chaud, ne dormez pas à Capoue! l'ennemi releverait la tête. A l'œuvre! Justifiez l'axiome: que la parole a été donnée à l'homme pour tromper son semblable.

Assuré des impressions funestes qu'il a produites sur le juge au détriment d'une mère, que fait-il? Il reprend son rôle de commissaire de police dans une affaire personnelle; il fait tenir sous cette épigraphe: *Témoins propres* à donner des éclaircissemens, etc.., il fait tenir, dis-je, à M. le juge d'instruction, une liste de ces témoins qu'il a ramassée dans les papiers de son commissariat. Et que sont-ils? quels sont les plus importans et les seuls? Ce sont les demoiselles Seguin et les époux Nacle!

Et comme s'il doutait encore de l'effet produit sur le juge, assiégé de calomnies, de diffamations, à la date du 4 octobre 1837, le même jour où M. le juge d'instruction interroge le sieur Nacle, une lettre part de la ville d'Amboise, à l'adresse du juge; cette lettre est publique, les débats ont reçu la publicité en appel. L'auteur, fils de Cazeau, paraîtra devant la justice comme diffamateur : il a abusé, indignement abusé de la pitié qui s'attachait à lui.

Voici quelques passages de cette lettre, signalons-les à l'indignation publique avant de les déférer à la justice :

« Une femme, ayant à Tours une odieuse réputa-
« tion, allait souvent le chercher (Cazeau père) soit
« dans le bureau de police, soit dans les lieux où elle
« (madame Renard) était sûre de le trouver. »

L'auteur aurait pu dire : un homme ayant à Tours une odieuse réputation, etc. Tout le monde aurait répondu : C'est Cazeau.

« Famille (Renard) (c'était famille Cazeau qu'il
« fallait dire) partie pour Paris en laissant dans
« la ville une infinité de dettes, et en mettant,
« comme on dit vulgairement, la clef sous le porte. »

« Tout le monde à Tours s'apercevait de l'odieuse
« spéculation qu'elle faisait sur sa fille : une impu-
« dente démarche devant l'autorité (celle du commis-
« saire de police apparemment) aurait tourné contre
« elle, car cent témoins seraient venus déposer de son
« infamie. »

Ainsi se dévoile l'infernale fourberie de Cazeau. Désormais il ne perdra pas sa liberté, il a trop bien pris ses mesures pour tromper son juge; et s'il ne l'a pas mis dans ses intérêts, parce que cela était impossible, il l'a au moins disposé à l'indulgence; il se flatte qu'on ne lui enjoindra pas même de renvoyer la fille à sa mère : elle est mieux entre ses mains, sous sa protection ! O misérable ! il l'entretient encore, il la cache, et elle est mineure ! Il lui fallait persuader au juge que nonobstant une affaire malheureuse pour lui, il était bien vu à Tours, que l'administration ne pouvant plus l'honorer de sa protection avait reporté sur son fils l'estime qu'elle avait pour lui. Eh! mon dieu ! l'administration a pris en pitié le fils d'un misérable, et voilà tout. Ce fils lui-même, entraîné par des sentimens d'honneur personnel, a essayé de pallier les torts de son père. Il est resté ce qu'il devait être, fils de Cazeau *quant même*, et Delphine a méconnu la piété filiale malgré la vertu de sa mère ! O prodiges ! ô Cazeau ! Les auteurs des certificats avaient bien raison de te recommander comme un homme habile; ils auraient pu ajouter : habile comme un scélérat..... ils se seraient moins trompés.

M. le juge d'instruction en sera-t-il quitte pour cette dernière supplication de M. Cazeau fils? Pas du tout; vous connaîtriez mal votre Cazeau. C'est le moment ou jamais de faire avancer la grosse artillerie, de porter le grand coup ; c'est le moment de faire parade de tous les certificats ; c'est le moment de ne plus laisser ni paix, ni trève au juge. On se rappelle ce qui a été dit de ces pauvres certificats... qu'ils dorment en paix !

Revenons au juge d'instruction. Membres de la Cour suprême, daignez écouter, cela vous regarde.

Nacle (Vincent-Pierre), actuellement épicier à Montreuil, est entendu comme témoin, le 4 octobre. Il annonce qu'il a été limonadier à Tours, au Carroir des Tanneurs, qu'il louait plusieurs chambres garnies, qu'une de ces chambres a été louée par lui au sieur Cazeau, moyennant 12 francs par mois, que c'est là que ce sieur Cazeau venait avec Delphine et sa mère tous les soirs ou très souvent, et qu'il sait pertinemment qu'on s'y livrait à la prostitution.

La femme Nacle fait exactement la même déposition; elle va plus loin, elle articule avoir fait des reproches à la mère, etc.

L'un et l'autre, articulant un crime aussi odieux que celui qu'ils imputent à la mère, l'un et l'autre s'accusaient d'immoralité d'abord; ils s'accusaient en outre d'avoir favorisé et facilité la prostitution. L'article 334 du Code pénal dit que celui qui facilite habituellement la prostitution est coupable : or, ils l'ont facilitée habituellement à l'égard de Cazeau et de Delphine, puisqu'ils les ont reçus pendant une année, à 12 francs par mois, sachant l'usage que Cazeau faisait de leur chambre. Le point de droit est incontestable, qui pourrait en douter? Le juge a entendu ces deux témoignages, le juge ne s'est pas conformé à la loi, le juge a violé l'article 29 du Code d'instruction criminelle. Il venait d'acquérir dans l'exercice de ses fonctions la connaissance d'un nouveau délit commis par un coupable nouveau pour lui, il devait en donner avis sur-le-champ au procureur du roi; cet avis n'a pas été donné. La communication au procureur du roi d'une instruction, quand elle est achevée longtemps après la connaissance acquise des délits, n'est pas l'exécution spéciale de l'article 29. Il ne faut pas s'y méprendre ; qu'on lise attentivement cet article, on y verra que le délit doit être dénoncé sitôt qu'il est connu du fonctionnaire public; que la déposition Nacle devait être immédiatement, sans aucun retard, transmise au procureur du roi. L'article 29 emploie cette expression *sur-le-champ*. Ainsi, premier moyen de cassation, violation de l'article 29 du Code d'instruction criminelle par le juge d'instruction.

Ce n'est pas tout, l'art. 22 du même Code a également été violé plus ouvertement encore. Cet article porte :

« Les procureurs du roi sont chargés de la recher-
« che et de la poursuite de tous les délits, dont la con-
« naissance appartient aux tribunaux de police cor-
« rectionnelle, etc. »

Le délit commis par les époux Nacle, d'après l'art. 334 du Code pénal, ce délit est notifié tôt ou tard au procureur ; peu importe à cet égard la date ! Le procureur du roi a-t-il obéi à l'art. 22 précité, qui l'a chargé de poursuivre un délit dont la connaissance appartient au tribunal de police correctionnelle? Non. Il a abdiqué la mission qu'il tenait de l'art. 22; il n'a pas poursuivi les époux Nacle.

Dira-t-on : Ne pas exécuter la loi, ce n'est pas la violer. Non : le procureur du roi n'a pas cette réponse à faire; ministère public, il ne peut abdiquer ses fonctions. La société est bouleversée du moment où l'homme de la loi n'exécute pas la loi même.

Dira-t-on que le procureur du roi a son libre arbitre, son opinion? que l'art. 22 ne peut gêner son opinion, contraindre sa pensée et l'entraîner malgré lui.

Expliquons-nous :

La première chose à faire, lorsqu'un délit arrive à la connaissance du procureur du roi, c'est de donner son avis, son opinion et ses conclusions sur ce délit : c'est là qu'est son libre arbitre. Ainsi, dans l'espèce, le procureur du roi faisant son réquisitoire devant la chambre du conseil, contre Cazeau et contre la dame Renard, était obligé, par l'art. 22, de conclure également sur ce qui regardait les époux Nacle. L'obligation de conclure n'entraînait pas l'obligation de con clure *contre* : c'est là ce qui caractérise la dignité conservée par la loi à l'opinion du procureur du roi; mais quant à l'obligation par elle-même, de conclure *pour* ou *contre*, elle existe, et le procureur du roi ne s'y est pas conformé.

On insiste si le procureur du roi a le droit de conclure pour ou contre. Il a conclu pour, par cela même qu'il n'a pas conclu du tout sur les époux Nacle; c'est là qu'est la violation de l'art. 22. Si on reconnaît au procureur du roi le droit de conclure pour ou contre, à sa volonté, pourvu qu'il prenne des conclusions, à plus forte raison doit-on reconnaître aux membres de la chambre du conseil le droit de déclarer à volonté qu'il y a lieu ou qu'il n'y a pas lieu de poursuivre un prévenu. Si le procureur du roi ne dit rien, s'il se tait sur un délit qui a été commis, dont il a connaissance, la chambre du conseil, qui considère le procureur du roi comme partie publique au procès, n'a rien à statuer, ne peut déclarer qu'il y a lieu ou qu'il n'y a pas lieu à suivre. Elle ne peut elle-même violer la maxime *plus petita*, adjuger ce qu'on ne lui demande pas. Le pouvoir de la chambre du conseil serait donc anéanti par un procureur du roi qui ne conclurait ni pour ni contre le délit, et cette chambre serait forcée de prononcer lieu à suivre contre les seuls prévenus qu'il aurait convenu au procureur du roi de lui indiquer. Désarmée contre d'autres coupables par l'absence des conclusions pour ou contre, elle serait exposée, entraînée, forcée à conserver comme témoins, dans un procès, des individus qu'elle regarderait à bon droit comme coupables au même degré que les coupables eux-mêmes.

Le tribunal correctionnel, à son tour, présenterait au public le triste spectacle d'un tribunal admettant à sa barre, en qualité de témoin, le complice même des prévenus. Ce tribunal verrait le délit, et il ne pourrait pas le punir.

Le ministère public, à l'audience, en serait à regretter qu'il n'ait rien été statué en ce qui concerne des témoins. Partisans de la liberté d'opinion du ministère public, c'est à l'audience surtout qu'il a besoin de cette liberté : vous la lui enlevez ; il voit un coupable, il ne peut plus le flétrir de sa juste indignation, il ne peut plus requérir contre lui à l'instant même, et ce qui est beaucoup plus grave, le prévenu est chargé par un autre prévenu, il peut être condamné sur sa déposition de témoin, il peut l'être... il l'a été..................

Les souvenirs de l'audience sont là, palpitans de cette triste vérité. Ce sont les époux Nacle et les filles Seguin qui ont décidé du sort de madame Renard.

Les art. 22 et 29 du Code d'instruction criminelle ont été violés; l'art. 27 du même Code a également été violé.

« Art. 27. Les procureurs du roi seront tenus, « aussitôt que les délits parviendront à leur connais- « sance, d'en donner avis au procureur-général près « la Cour royale, et d'exécuter ses ordres, etc. »

Viendra-t-on prétendre aussi que le procureur du roi avait le droit de ne donner aucun avis au procureur-général du délit commis par les époux Nacle, dont ils s'accusaient eux-mêmes en présence de ce même article? Non. Ainsi, de la part du procureur du roi, il y a violation par la seule raison qu'il y a inexécution: cela est incontestable. Le procureur du roi chargé de l'exécution des lois, ne peut pas choisir parmi les articles du Code ceux qu'il lui plaît d'exécuter; il faut qu'il les exécute tous, autrement il manque à sa mission.

Si le procureur du roi avait donné avis au procureur-général du délit commis par les époux Nacle, le procureur-général aurait transmis cet avis au procureur-général d'Orléans. Ce dernier aurait donné au procureur du roi de la ville de Tours l'ordre d'assigner devant un juge d'instruction, 1° les époux Nacle, comme prévenus ; 2° les domestiques qu'ils avaient à cette époque, comme témoins ; 3° les voisins du Carroir des Tanneurs ; 4° les marchands du quartier, etc. On aurait découvert que les sieur et dame Nacle avaient porté un faux témoignage devant la justice, *quand ils ont placé la mère à côté de sa fille* (par leur déposition) dans leur infâme domicile ; il en serait résulté une accusation de faux témoignage et de prostitution de mineure contre les époux Nacle ; la qualité de témoin leur était interdite, et la mère de Delphine n'aurait pas à gémir aujourd'hui sur les erreurs de la justice.....

Soutenez à présent que l'inexécution des lois de la part du procureur du roi, chargé de les exécuter, n'est pas une violation du droit des prévenus? soutenez que les conséquences de cette neutralité du procureur du roi n'ont pas été terribles. Mais daignez jeter les yeux sur l'infortune de cette honorable mère, traduite devant le tribunal et condamnée sur la déposition des époux Nacle?

On a dit, pour la dame Renard, que les époux Nacle étaient des gens avilis, indignes de témoigner en justice ; on a dit que les époux Nacle n'avaient pas pu être les seuls qui vissent madame Renard aller et venir pendant une année dans la même chambre ; qu'il était impossible qu'elle ne fût pas connue dans tout le quartier des Tanneurs ; qu'elle ne se fût pas présentée chez les débitans du voisinage pour quelque acquisition ; que les domestiques des époux Nacle avaient dû servir des rafraîchissemens dans cette chambre, dans la saison d'été surtout.

Les époux Nacle n'ont pu indiquer d'autres témoins qu'eux-mêmes ; ils en ont donc imposé à la justice. On a ajouté, qu'en supposant le consentement donné par la mère à la prostitution de sa fille, il était impossible d'admettre qu'elle eût pris la peine de conduire sa fille, tous les soirs, souvent si on veut; que le rôle d'une proxénète n'allait pas si loin; qu'il s'entendait d'une personne qui a formé la liaison criminelle, et qui n'a pas besoin de rendre son rôle plus pénible, plus fatigant qu'il ne l'est réellement. Ainsi le fond même de ces deux dépositions a été attaqué et démontré ridicule.

Eh bien! les juges ont dit : Les époux Nacle sont des misérables, mais ils sont témoins, ils attestent devant la justice, sous la foi du serment, qu'ils ont vu la dame Renard venir dans ce lieu pendant une année, conduisant sa fille au crime ! Supposons une exagération, supposons qu'il ne faille croire que la douzième partie de ces deux dépositions. Eh bien ! elle sera venue pendant un mois, et alors..... et alors.... la dame Renard n'est pas moins coupable..... Voilà le raisonnement des juges, voilà leur conscience déchargée ; à qui la faute, s'ils ont commis cette erreur?

Au juge d'instruction et au procureur du roi qui n'ont pas exécuté les art. 22, 27 et 29 du Code d'instruction criminelle.

Voudra-t-on donner le change et s'appuyer d'une lettre émanée de la mairie de Tours, par laquelle M. le procureur du roi est instruit que des renseignemens ont été pris au Carroir des Tanneurs, et que tout ce qu'on a pu savoir, c'est que la dame Renard et sa fille passaient dans le quartier ; et, dire qu'on a voulu s'assurer si les époux Nacle avaient dit la vérité : argument sans mérite. La justice ne connaît pas les commis d'une mairie comme ses émissaires ; elle ne connaît que l'instruction criminelle dans toute sa dignité.

Dira-t-on qu'une commission rogatoire, en date du 26 octobre, a été envoyée à Tours. Cette commission rogatoire était de droit. En la donnant le juge à fait son devoir : ce n'est pas une raison pour détruire les moyens de cassation invoqués. Cela prouve, si on veut, la bonne foi du juge, sa conscience, choses inutiles à prouver : le débat ne montera pas si haut... Cela prouve que le juge a fait son devoir sur ce point, mais les moyens de cassation restent.

Et encore, quelle a donc été cette commission rogatoire ? tout le contraire de ce qu'elle pouvait être, ou au moins elle n'embrassait pas tous les points en discussion ? En voici l'intitulé : « Commission rogatoire sur la participation de la dame Renard, etc. » Ainsi le juge de Tours n'avait rien à faire qu'à chercher des témoignages contre la dame Renard, il n'a pas fait autre chose. Il n'était pas chargé de s'assurer si les époux Nacle avaient fait une fausse déposition, il n'était pas chargé de constater un délit dont les époux Nacle s'étaient accusés eux-mêmes. Donc la loi a été violée, inexécutée; cette faute a entraîné la perte de madame Renard. La Cour de cassation anéantira toute cette instruction.

La dame Renard a été renvoyée devant le tribunal par la chambre du conseil, sous la prévention d'excitation à la débauche sur la personne de sa fille mineure, elle a dû se conformer à l'ordonnance de la chambre; elle n'avait pas à interjeter appel de cette ordonnance; elle n'était pas partie civile, elle n'avait pas de conclusions à prendre devant le tribunal sur les irrégularités de la procédure, elle devait se défendre au fond, sans égard pour la forme: c'est ce qu'elle a fait, elle a renouvelé sans succès le même système devant la Cour.

A présent, elle se plaint des violations de la loi commises à son préjudice, elle se plaint en temps opportun, sur pourvoi en cassation. Aucune déchéance, aucune fin de non recevoir ne peut lui être opposée: l'article 416 du Code d'instruction criminelle tranche la difficulté en sa faveur.

Encore un mot, juges du droit! servez-vous des faits pour éclairer votre conscience, jetez un regard autour de vous, vous n'y voyez que des ruines. Un homme a travaillé pendant dix-huit années; il avait la confiance de ses camarades, l'estime de ses supérieurs; il avait amassé son ménage, une aisance honnête; ses chefs le nourrissaient depuis deux ans pendant sa maladie. Cet homme avait une femme qu'il honorait, des enfans qu'il chérissait : tout a disparu sous le souffle impur du séducteur de sa fille. Cette fille, elle est perdue pour lui, pour la société. Ses deux autres enfans sont dans la misère. Quant à lui, son avenir vous est connu : il mange le pain des pauvres, lui qui naguère vivait de l'appui des commissaires-priseurs de la ville de Tours.

Sa femme, vous avez assisté à tous ses tourmens : une enfant qu'elle a nourrie de son sein, qu'elle a élevée dans les pratiques de la religion chrétienne, cette enfant a été précipitée dans l'abîme. Vous connaissez le tableau de leur misère. Un jour viendra où les principes religieux qu'elle a reçus se représenteront à sa mémoire. Ce jour, sa mère le redoute, et elle craint qu'elle ne puisse plus supporter le fardeau de la vie quand elle sentira l'énormité de sa faute, qu'elle pourra juger de l'indignité de sa conduite, et qu'elle est l'auteur malheureux d'un libelle infâme, rédigé contre sa mère pour la justification d'un scélérat. Qu'elle sache au moins que sa mère lui a pardonné, qu'elle sache qu'elle l'aime encore et qu'elle voudrait encore la posséder.

Si elle a oublié sa mère, elle a commis un crime, mais il n'y a qu'une coupable dans les deux.

Une fille sans avenir, deux autres enfans à élever,

un mari à l'hôpital, voilà la position de madame Renard. Magistrats, pères de famille, gens de bien, ménagez au moins le seul bien qui reste de ce grand naufrage... l'honneur!!! Que les deux autres enfans puissent toujours dire avec fierté : Voilà ma mère!

SUIVENT NOS PLAINTES.

A Son Excellence le Ministre de la Justice;

A MM. les Procureurs-Généraux près la Cour de Cassation et près les Cours Royales de Paris et d'Orléans;

A MM. les Procureurs du Roi près les Tribunaux de première instance de Paris et de Tours.

MESSIEURS,

Nicolas Renard, réfugié à l'hospice de la vieillesse et Marie Mague, son épouse, qu'il autorise spécialement à l'effet des présentes,

Ont l'honneur de vous exposer

Qu'au mois de juillet 1833, ils ont mis en apprentissage chez les demoiselles Seguin, couturières à Tours, leur fille Delphine, alors âgée de treize ans ;

Que les demoiselles Seguin ont reçu chez elles, pendant les trois années deux mois d'apprentissage, un sieur Cazeau, alors commissaire de police de Tours ;

Qu'elles ont excité, facilité et favorisé la prostitution de leur fille, en faisant avec ce sieur Cazeau des promenades journalières et nocturnes dans les environs de Tours ;

Que la nourrice de l'enfant Hautelingue et les voisins de cette nourrice attesteront ces faits, indépendamment des autres personnes que l'instruction fera connaître ;

Que les demoiselles Seguin, ayant exigé de leur fille le remplacement des deux mois qu'elle avait perdus à faire sa première et sa seconde communion, sans réclamer le temps perdu par Delphine, pendant une année, dans la maison Nacle, avouent par là qu'elles savaient à quoi s'en tenir sur les assiduités du séducteur.

Requièrent qu'il vous plaise ordonner des poursuites contre ces deux personnes, conformément à la loi.

Les mêmes aux mêmes magistrats.

Ont l'honneur d'exposer

Que les époux Nacle, épiciers à Montreuil, ont porté un faux témoignage devant M. le juge d'instruction Hallé et devant la sixième chambre, les 4 octobre, 27 décembre et 3 février dernier; que l'indice le plus grave de la fausseté de leur témoignage, c'est qu'attestant un délit qui aurait duré une année, ils n'ont pu indiquer personne, pas même un domestique pour appuyer leur déclaration.

L'instruction démontrera que ce délit n'a pas existé à l'égard de madame Renard, *qui n'a jamais mis le pied dans la maison Nacle, à Tours.*

Requièrent qu'il vous plaise ordonner une instruction à Tours.

Les mêmes aux mêmes magistrats.

Ont l'honneur de vous exposer

Qu'ils portent plainte contre le sieur Bertrand-Bernard Cazeau père, pour subornation de témoins exercée sur les époux Nacle, épiciers à Montreuil.

Le sieur Cazeau s'est livré à la prostitution avec leur enfant Delphine Renard, dans la maison Nacle à Tours; il a concerté avec les époux Nacle les moyens d'éluder la plainte des parens, qui aurait porté sur eux comme sur lui, s'ils avaient su plutôt le lieu de la prostitution.

Les époux Nacle, mis en péril par la plainte des époux Renard contre Cazeau, ont été entraînés à faire cette fausse déposition dans un intérêt commun.

Cazeau, au vu et su de tout Montreuil, n'a pas de meilleurs amis que les époux Nacle; la familiarité entre eux va jusqu'à vivre à la même table, à s'inviter réciproquement.

Cazeau a déclaré d'avance, par écrit, au dossier, quelle serait la déposition des époux Nacle; il les a compris sous ce titre : *témoins propres* à dire telle chose, et les témoins étaient propres à dire ce que Cazeau avait annoncé.

Un indice grave de la subornation résulte de l'acte de naissance de l'enfant de Delphine : Nacle, témoin dans cet acte, y laisse insérer que Cazeau est bourgeois de Paris, tandis qu'il le savait commissaire de police à Tours, non destitué et sans intention d'être destitué. Cazeau a évidemment exercé sur lui la même subornation, dans son témoignage, que celle exercée dans l'acte de naissance où cet homme, livré à ses propres inspirations, aurait déclaré au maire que Cazeau était commissaire de police à Tours, et de plus marié.

Autres indices : Delphine a déclaré à l'audience que le Mémoire accusateur contre sa mère était l'ouvrage de Cazeau. Ses interrogatoires sont identiques. Il suit de là que Cazeau a suborné cette enfant.

Les époux ne portent pas plainte en faux témoignage contre elle, parce qu'elle est leur enfant, et qu'elle n'a donné que des renseignemens à la justice. Mais un indice de subornation à l'égard des autres témoins reste au profit des époux Renard : quand un homme est assez pervers pour inspirer un faux témoignage à la fille contre sa mère, cet homme subornera tous les témoins qu'il pourra suborner.

Autre indice : Si le mandat d'amener avait reçu son exécution contre lui, ou n'avait pas été révoqué, M. le commissaire de police emprisonné n'aurait pu communiquer *à l'aise* avec les témoins; sa vanité blessée ne lui permettait plus de se flatter de la bienveillance du juge, bienveillance mensongère, dont ce magistrat était fort innocent. Toujours est-il que s'il a eu l'audace de se targuer auprès du juge lui-même, et par lettre, de sa bienveillance envers lui, il n'était pas homme à négliger ce moyen d'influence sur les témoins; il n'était pas homme à ne pas traduire, dans leur esprit, cette bienveillance imaginaire en une sorte de confraternité entre le juge et lui, poussée jusqu'à la camaraderie. Ce langage si odieux, si mensonger, accrédité dans l'imagination des témoins par l'état de liberté où il était pendant l'instruction, aura fait croire aux témoins qu'il y avait quelque chose de vrai dans ce qu'il disait; et des témoins qui prennent pour argent comptant de si belles et de si odieuses paroles contre un magistrat, rassurés eux-mêmes sur le faux témoignage par le crédit qu'ils supposent au suborneur, sont plus faciles à corrompre, parce que le danger disparaît de leur esprit.

Autre indice : Il y a manière de faire un faux témoignage sans se compromettre par trop; les époux Nacle ont été bien inspirés. Prenez une femme, la plus honnête de toute la ville de Tours; dites lui : Je vous ai vue entrer souvent, dans le cours de telle année, dans telle maison ; celle-ci répondra : Non, vous en imposez, je n'y suis jamais allée. Et cependant si cette femme demeure réellement à Tours, elle prouvera bien que tel jour, telle semaine, elle n'est pas sortie de chez elle ; mais à moins que pendant la même année elle ne soit pas sortie du tout, ou qu'elle n'ait fait une maladie (sans convalescence), elle ne prouvera jamais qu'elle n'est pas entrée dans cette maison, pour peu qu'elle soit sortie de chez elle dix fois pendant un mois.

Ainsi voilà tout l'odieux de la ruse du suborneur et des subornés ; ils ont mis l'honnête femme hors d'état de les convaincre d'imposture, et si on ne fait pas une enquête sur la véracité de la déposition Nacle, l'imposture restera dans les témoignages et dans les annales de la justice criminelle.

La haute magistrature entendra ces paroles, elle les fécondera du puissant auxiliaire de la justice.

Les faux témoins et le suborneur avaient bien senti l'avantage, pour eux, de préciser les jours, les époques.... de mettre le rôle de la mère en harmonie avec le rôle d'une véritable proxénète (qui se borne à former la liaison). Mais les trois chenapans avaient mesuré le danger : Si nous fixons une époque , et que madame Renard prouve qu'elle n'est pas sortie de chez elle les jours que nous indiquerons , tout est dévoilé. Voilà pourquoi l'énorme latitude d'une année a été prise par les époux Nacle, latitude inconciliable avec le rôle donné à madame Renard, avec le sentiment des convenances les plus vulgaires, qui ne permettent pas à un tiers, à une mère surtout, d'entendre ni de voir, même de loin, le fait matériel de la prostitution de sa fille.

Et, en outre, ils portent plainte en escroquerie contre le sieur Cazeau père (article pendule).

Requièrent qu'il vous plaise ordonner une instruction.

Les mêmes aux mêmes magistrats.

Ont l'honneur de vous exposer

Que le sieur Cazeau fils, alors commissaire de police de la ville d'Amboise, a écrit, le 4 octobre dernier, à M. le juge d'instruction Hallé, une lettre diffamatoire contre les époux Renard : il les a signalés comme des gens qui ont mis la clef sous la porte sans payer leurs dettes à Tours; il a signalé la dame Renard comme une femme de débauche, qui a prostitué sa fille en faveur de Cazeau père; il a déclaré que cent témoins à Tours attesteraient cette vérité; il a dit que l'autorité aurait tourné contre elle si elle avait fait l'impudente démarche de dénoncer à Tours le vil séducteur de sa fille, Cazeau père.

Cette lettre est au dossier; elle a été légalement ignorée des époux jusqu'au 31 janvier dernier, date de la citation donnée à la dame Renard à comparaître à l'audience.

Elle a été publique par la publicité donnée aux débats de la Cour royale de Paris, les 24 et 28 mars dernier.

Le délit a été commis à Paris.

Elle a été écrite par un commissaire de police en fonctions; elle porte l'intitulé du commissaire de police. Il y a lieu à autorisation de poursuivre un commissaire de police diffamateur.

Les époux Renard invoquent en leur faveur les articles 441 et 445 du Code d'instruction criminelle.

Et vous ferez justice.

Approuvé l'écriture ci-dessus,

Renard

DISCOURS

D'UN

HABITANT DE BICÊTRE

A

LA COUR DE CASSATION.

PRÉFACE.

Les époux Renard avaient bien pensé à signaler d'abord, par un avant-propos, les auteurs de leurs infortunes; mais un autre Cazeaux vient de leur en éviter la peine : il a TRÈS BIEN saisi le sens de leurs plaintes et de leurs réclamations. Sa lettre, dont voici la copie, va justement servir de préface à la seconde édition de leur récit : cette lettre est le miroir fidèle de la méchanceté et de la noirceur des Cazeaux. C'est surtout à vous, honnêtes gens de la ville de Tours, que madame Renard en appelle des intrigues de ces trois étrangers !...

A Monsieur Chicoisneau, Avocat à la Cour Royale de Paris.

Tours, le 1er mai 1838.

MONSIEUR,

Je suis le fils de M. Cazeaux, et le frère du commissaire de police actuel de Tours.

J'ai parcouru l'écrit infâme auquel vous avez accolé votre nom, et voici ce que j'en ai conclu:

Que vous êtes un lâche comme homme privé, et un triste homme comme avocat.

Les lâches, lorsqu'ils calomnient, on les force

à se battre ou on les soufflette partout où on les rencontre, aux risques de poursuites correctionnelles......

Les méchans avocats comme vous, on les méprise lorsqu'ils sont assez bêtes pour adresser à Tours, théâtre de l'infamie de la femme Renard, le panégyrique de cette misérable là, signé Chicoisneau.

Pauvre homme!..... aucun de vos confrères de Tours n'eût osé montrer aussi peu de tact!..... Vous êtes-vous informé ici, près d'honnêtes gens, de la réputation des Renard?.....

Au résumé: puisque vous insultez des gens que leur position en ce moment oblige à se taire, c'est à moi de vous corriger. Deux mots de réponse, si vous avez un peu de cœur, et nous pourrons nous voir à Orléans, situé à moitié route de Paris à Tours.

Si vous me refusez cette satisfaction, j'adresserai copie de ma lettre à tous vos confrères de Paris, afin qu'ils jugent Chicoisneau le menteur, l'impudent et le lâche, et qu'ils reconnaissent combien il prend peu de soin de sa réputation d'avocat, en épousant aussi chaudement une cause qui ne peut inspirer que le plus profond dégoût.

Cette femme que vous défendez, Monsieur,

connaissait si peu les relations de mon père avec sa fille, qu'elle a eu maintes fois l'insolence de cracher sur ma pauvre mère, lorsqu'elle la rencontrait dans la rue.

Écrivez à madame Cornet, sœur de la Renard, et elle vous dira la conduite qu'elle a tenue aussi à l'égard de sa fille qui est à Paris. (Vous apprendrez qui a perdu cette fille à l'âge de quinze ans,) ou plutôt treize.

LÉON CAZEAUX, MÉDECIN,
Rue du Boucassin, 5.

Audience du mai 1838.

DISCOURS

D'UN

HABITANT DE BICÊTRE,

A

LA COUR DE CASSATION.

MAGISTRATS,

Permettez à un vieillard septuagénaire de vous présenter la défense de madame Renard, son épouse, condamnée en première et dernière instance pour avoir, à la fois, oublié ses devoirs d'épouse et de mère.

Permettez aussi qu'un Tourangeau vous parle de lui : je suis né à Tours, pays de loyauté et d'honneur, j'appartiens à une famille honnête, aucun de ses membres n'a jamais été flétri par la justice; j'ai, toute ma vie, exercé un état honorable, à présent que je ne puis plus travailler, mes chefs viendraient tous à mon secourssi je leur dévoilais ma position ; ils me connaissaient pour homme de bien, ils estimaient ma femme et mes enfans, la bonne renommée de toute ma famille était la plus précieuse récompense de mes travaux, ma conduite a toujours été pure, et je n'aurais jamais souffert que ma femme déshonorât mon nom, si une idée seule lui en était venue...

Jugez de ma surprise, ô Magistrats, quand, sur ma plainte même en soustraction d'une enfant mineure, j'ai appris que ma femme était condamnée pour avoir commis le même crime que nous avons dénoncé tous les deux, contre son ravisseur.

Je me suis rappelé toutes les vertus de mon épouse, et je vous demande la permission de les jeter à la face de ses accusateurs et de leurs témoins; et de remettre à leur place tous ces malheureux, déshérités en naissant de tout sentiment d'honneur et de probité.

J'interviens aux débats ouverts devant vous, Magistrats, j'y apporte la foi et la conscience d'un bon Tourangeau, plein de respect pour la magistrature et pour les lois de son pays. Je vous demande, à vous, organes vivans de la loi, gardiens des libertés individuelles et de l'honneur des bons Français, je vous demande justice, et vous allez juger de nos droits.

Tout l'avenir de ma famille est compromis par une condamnation prononcée contre mon épouse ; je viens examiner l'instruction et les jugemens la loi à la main.

Je me plains de la violation des lois au détriment de mon enfant et de mon épouse, j'invoque la légalité écrite dans nos codes, et je me place, moi et toute ma famille, sous la protection du droit.

J'ouvre les débats devant vous, Magistrats de Cassation, par l'art. 354 du Code pénal, ainsi conçu :

« Quiconque aura, par fraude ou violence, « enlevé ou fait enlever des mineurs, ou les aura « entraînés, *détournés ou déplacés*, ou les aura « fait entraîner détourner ou déplacer des lieux « où ils étaient mis par ceux à la surveillance « ou à la direction desquels ils étaient soumis « ou confiés, subira la peine de la RÉCLUSION. »

DISCUSSION.

Les époux Renard avaient une fille mineure et bien jeune, placée sous leur surveillance à Montreuil ; cette enfant disparaît de leur domicile : plainte ; leur droit est écrit dans l'art. 354.

Si cette plainte offrait des détails inutiles, mensongers même, ils ont à répondre : le père, j'étais au lit malade; la mère, j'étais absente; nous avons ignoré les circonstances de la disparition : nous ne savons pas comment le ravisseur s'y est pris pour accomplir son projet; mais ce n'est pas la question que nous avons posée à la justice, ce n'est qu'un accessoire de la question.

Ravisseur, prouvez tant qu'il vous plaira que l'enfant n'a point été enlevée par vous, que son départ était volontaire; cela est possible; mais, ce que vous ne prouverez pas, c'est que vous n'êtes pour rien dans cette fuite de l'enfant, que vous êtes innocent du déplacement : or, le déplacement est réel et avoué par vous. Etes-vous étranger à ce déplacement? Oui; alors vous n'êtes pas coupable. Non; alors, expliquez-vous : je vous accuse d'avoir déplacé mon enfant, de l'avoir cachée à Paris, de l'avoir soustraite à toutes mes recherches! n'est-ce rien? c'est tout, au contraire; l'art. 354 est applicable : je vois un déplacement de mineure, je vois une fille placée par la loi sous la surveillance de ses père et mère, réclamée par eux en justice, je la vois d'ici, je la vois entre vos bras, souillée de vos attouchemens, je la vois :

vous la tenez dans une chambre ou dans une autre, peu m'importe; mais vous payez son loyer, vous l'entretenez malgré ses parens. N'est-ce rien? je vous dis, moi, que cette conduite est punie de la réclusion par l'art. 354, et que vous n'avez pas été poursuivi sur ce chef.

Hé bien! le juge qui se contenterait d'une simple explication du prévenu, qui n'approfondirait pas la question de fait, celle de savoir qu'est devenue l'enfant, qui ne ferait pas venir devant lui le propriétaire ou le logeur chez lequel elle demeure; le juge, enfin, placé au début de toute instruction criminelle, qui n'instruirait pas sur le droit du plaignant, appuyé de l'article 354; le juge qui verrait cette enfant venir dans son cabinet, soit volontairement, soit sur citation, qui ne lui donnerait aucun ordre de rentrer chez ses parens, quand il peut soupçonner au moins qu'elle est au mains du ravisseur, quand il ne peut pas douter qu'elle y soit, puisqu'elle lui présente un Mémoire en quinze pages, justificatif du séducteur, Mémoire écrit en style d'homme de lettres, signé d'elle simple couturière, qui n'a d'autre éducation que l'éducation religieuse des enfans du peuple; le juge admettant toutes les excuses, les admettant de très bonne foi, a-t-il au moins un devoir à remplir envers l'autorité paternelle, méconnue par un enfant? Oui, le juge placé par la loi pour instruire le procès, doit avant tout, prendre les mesures que la loi lui impose. De deux choses l'une, ou le juge doit renvoyer la fille à ses père et mère, ou il doit la faire arrêter; ou il doit se rappeler que l'art. 377 du Code civil, autorise les père et mère à faire détenir l'enfant qui se comporte mal, et, alors, admettant que le juge ne trouve plus, dans les père et mère, une garantie suffisante de moralité, il doit, malgré tout, protéger leur enfant: il faut que cette enfant, d'après le pouvoir accordé au juge et aux père et mère par la loi, soit placée dans un lieu sûr, à l'abri des poursuites du séducteur.

Légistes, hommes du monde, mères de famille, tous, vous êtes d'accord avec moi: la question du procès, c'est l'ENFANT, c'est la protection qui lui est due, c'est la correction qu'elle mérite; le juge qui, ne remplit pas cette grande mission de la loi, qui armé par elle du droit de protéger les mœurs publiques, le juge qui laisserait entre ses mains ce pouvoir stérile! ce juge aurait-il bien compris, bien appliqué l'art. 354, invoqué par les père et mère.

Le juge n'ignorait pas que l'enfant avait au moins des rapports très fréquens avec le ravisseur ; la preuve , c'est qu'elle lui présentait un Mémoire qu'il avait composé et dicté depuis sa fuite ; ce Mémoire, écrit dans son intérêt, devait inspirer au juge la pensée que l'enfant était en son pouvoir; alors l'art. 354 devenait applicable , toute explication antérieure de l'accusé était détruite pour le juge, par ce fait important du procès. Il était donc nécessaire de faire venir des témoins pour confirmer le fait matériel de cohabitation entre le ravisseur et l'enfant ; on ne sortira jamais de là : la loi, l'art. 354 , les mœurs publiques, tout méritait l'attention la plus sérieuse de la part du juge. Et si l'enfant lui écrit encore contre sa mère, si elle parle de ce bon M. Cazeau, de ce si brave homme ! ! le magistrat ignorera-t-il toujours que cette enfant soit au pouvoir du ravisseur ; aura-t-il le droit, dans quelle loi le puisera-t-il ce droit ? de ne point se placer entre deux coupables pour faire cesser le crime d'un homme marié , père de famille et commissaire de police d'une grande ville ; et, si, pendant toute l'instruction qui a duré quatre mois, pendant l'intervalle des deux jugemens; et, si, à présent encore cette enfant est au pouvoir du ravisseur, si la mère ne sait pas où elle est, si cette enfant abhorre sa mère, si cette enfant devient criminelle à ce point, à seize ans !! jusqu'où faudra-t-il faire remonter la responsabilité de cet horrible interversion des loix divines et humaines ? Serait-ce jusqu'à la mère qui pleure depuis si long-temps la perte de sa fille ? Il faut bien cependant que ce soit à quelqu'un : la conscience parle, la morale publique est outragée, la grande nation est intéressée dans la question.

Père et mère, vous aurez élevé votre enfant, vous l'aurez instruite dans la religion chrétienne, et vous verrez cette enfant au pouvoir d'un homme marié, sous les yeux même de la justice, et vous n'aurez pas le droit de crier ? Et il ne se trouverait pas au barreau un homme pour vous protéger, vous, vous et votre enfant, quand tous les avocats français viendraient vous secourir ? et la Cour de cassation ne verrait pas les choses telles qu'elles sont !!! quand il sera si facile de prouver à d'autres juges du fait, que la jeune Delphine est au pouvoir du vieux Cazeau depuis le jour de la plainte jusqu'à présent ; qu'un nouvel enfant adultérin peut naître de ces rapports odieux ; et quand même...... quand même une mère serait coupable, son enfant est-elle déshéritée, à son âge, de la protection des loix? ne fallait-il pas la corriger, la sauver de l'ignominie? La nation française adopterait les orphelins et les bâtards, les enfans légitimes seraient-ils seuls abandonnés? Peuple, accourez, regardez M. Cazeau, commissaire de police, donnant le bras à mademoiselle Renard, dans le temple même de la justice, après la plainte de ses parens; séchez les larmes de la mère qui est témoin de ce désordre.

Un père cédera-t-il le pas au séducteur de sa fille, abaissera-t-il ses cheveux blancs devant lui, et viendra-t-il jusqu'à implorer à genoux, devant le ravisseur, la grâce de sa fille? ah! ce bon vieillard ne rougirait point d'une telle démarche, pour embrasser encore sa chère enfant, qu'il ne voit plus, dont il ignore la demeure, cette enfant qu'il pleure du matin au soir : grand Dieu, venez à notre secours, éclairez nos juges, la loi divine est violée!..... Savez-vous, Magistrats de la Cour suprême, que cet excellent père est dans les convulsions du désespoir depuis que sa fille est perdue pour lui: aucun de vous ne pourrait supporter sa présence sans verser un torrent de larmes; ah! daignez voir ce tendre père, et si vous n'êtes pas saisis d'horreur pour l'ennemi de son repos, vous prendrez au moins en pitié son innocence et celle de toute sa famille : faites qu'avant sa mort, il éprouve la joie de faire punir tous les coupables, mais hâtez-vous. Le premier juge n'a pas fait droit à sa plainte : c'était la peine de la réclusion qu'avait encourue M. le commissaire de police ; il devait être arrêté sur-le-champ, il ne l'a pas été ; il fallait au moins arrêter l'un des deux pour les séparer ; on ne les a pas troublés dans leurs débauches : l'article 354 a donc été violé. Le père demande que sa fille soit arrêtée sur-le-champ et conduite dans une maison de correction ! M. de Belleyme, président, daignera protéger une enfant abandonnée et frauduleusement soustraite à ses parens.

Tourangeau, montrez toute votre ame, qu'on lise dans votre conscience, prenez garde que l'honneur d'un père atteint dans l'honneur de sa fille ne vous conduise dans la voie de la calomnie et du mensonge ; soyez toujours Tourangeau, et rendez justice à votre juge ? Ne lui demanderiez-vous pas une chose impossible, une chose qu'aucun autre juge à sa place ne vous eût point accordée ; entraîné qu'il était par les apparences de culpabilité accumulées contre votre femme, artistement présentées, habilement et cruellement exploitées par un habitant deSaint-Gaudens, devenu commissaire de police de la bonne ville de Tours.

Vous-même, M. Renard, vous qui parlez, mettez-vous à la place du juge : on lui présente quatre témoins établis, deux épiciers de la banlieue et deux couturières devenues épouses et mères ; quatre personnes viennent attester que madame Renard est un monstre ! comment voulez-vous que le juge entende de sang-froid les explications de madame Renard ? Eh ! non, le juge n'en aurait admis aucune, quand même l'accusée lui en aurait donné ; l'indignation dont il était justement pénétré a enlevé tout l'intérêt qu'il aurait pu porter à une mère ; et si cette mère ne sait rien dire pour se défendre, si elle n'a pour elle, devant le juge, que sa vertu et ses larmes, comment voulez-vous qu'un juge résiste à tant de témoignages ? si cette mère ignore, devant son juge, que vous, M. Renard, avez fait acheter pour M. Cazeau pour 7 à 800 fr. de mobilier, et qu'elle soit embarrassée pour répondre sur la question pécuniaire, question de vie ou de mort pour sa dignité de mère de famille ; si un commissaire de police vient dire : « Cette famille a causé ma ruine, elle m'a pris d'abord tout mon argent comptant, et puis elle m'a forcé à lui faire des billets sans être son débiteur, pour conserver mon honneur et celui de mon fils, menacés par les époux Renard. En voici la preuve : jetez les yeux, dit-il au juge, sur les lettres de M. Renard qui demande à grands cris de l'argent? Epuisé de sacrifices par suite d'une malheureuse faute avec la jeune Delphine, je n'en avais plus : force était bien de faire des billets pour gagner du temps, au risque même de ne pas les payer à l'échéance.

Eh bien ! madame Renard trop simple pour bien apercevoir toute l'étendue de la corrélation entre ces billets et le crime qu'on lui reproche, ne s'est pas défendue sur ce point où son honneur était si vivement atteint ; ce n'est que plus tard, quand son époux a connu sa condamnation, qu'il en a marqué toute sa surprise, et que le défenseur s'est rendu à Bicêtre. Là, Renard lui a dit : Écrivez, monsieur, écrivez à Tours, écrivez aux banquiers, aux commissaires-priseurs, aux crieurs publics, ils vous diront que je suis créancier légitime de M. Cazeau ; que c'est moi qui, en qualité de crieur public, ai meublé son appartement ; qu'il ne m'a jamais remboursé ; et que c'est, pour ce motif seul, qu'il m'a fait des billets. Ces billets n'ont pas été payés, j'en ai remboursé quelques uns, d'autres sont encore entre les mains des banquiers qui les ont protestés. Madame Renard s'est contentée de dire à son juge : Je n'ai pas reçu d'argent ni de billets. Elle avait raison ; mais la preuve, elle ne la donnait pas. Il est fort à regretter que le dossier ne soit pas sous les yeux de l'écrivain, et que le temps presse si vivement, il parlerait avec plus de précision, peut-être, de certaines lettres écrites sous la forme d'un INTERROGATOIRE, par M. le commissaire de police, à *son accusé Renard le Tourangeau.* Si vous êtes honnête homme, dit-il ? rendez-moi tel titre, rendez-moi tel autre ; moi, pauvre Cazeau, je vous ai obligé, je vous ai cautionné. Ah ! le Gascon ; il a eu l'audace de se servir, auprès du juge, d'une arme empoisonnée : tous ses coups blessaient à mort M. et madame Renard, solidement établis à Tours, en crédit dans toute la ville. Habitant de Saint-Gaudens, vous n'étiez pas fait pour vivre au milieu des Tourangeaux : votre déloyauté est si effrayante, votre supercherie est si horrible, qu'il serait impossible d'y croire, si on ne connaissait toutes les qualtés morales de ce bon M. Renard le Tourangeau ; on vous les jette à la face, Gascon que vous êtes ! le Tourangeau est énergique quand l'indignation soulève son ame : son énergie va jusqu'à manquer de modestie, mais jamais il ne manque, comme vous, de cœur ni de bonne foi.

Le juge peut certainement avoir été trompé, mais il n'a pas **INSTRUIT** sur la question de déplacement de mineure, entraînant la réclusion. Je suppose qu'il l'eût fait; alors, tout changeait de face : M. le commissaire de police était emprisonné; il ne communiquait plus si à son aise avec ses témoins, il ne se mêlait plus de l'instruction; ses témoins, le voyant dans les fers, n'avaient plus l'audace d'accuser madame Renard : les deux Nacle et les deux Seguin, surtout, s'en seraient bien gardés. Qui ne voit pas d'ici que ce Gascon écrivait à Tours, que ce n'était rien que ce procès; qu'il avait pour lui l'oreille du juge, et que les demoiselles Seguin ne risqueraient rien à dire tout ce qu'elles pourraient trouver de plus odieux pour charger madame Renard. Diplomate, il avait son instruction à part de l'instruction judiciaire, il neutralisait l'une par l'autre. Qui pourrait nombrer toutes les lettres, toutes les démarches, toutes les ruses de cet audacieux imposteur ? Il a trompé les demoiselles Seguin, après avoir autrefois abusé d'une complaisance criminelle de leur part; il a trompé les époux Nacle sur les dispositions du juge; il a induit en erreur les autres témoins, sur la moralité de madame Renard. Il ne lui restait plus qu'un crime à commettre, il l'a commis : il a trompé le commissaire de police, son fils, qui se serait bien gardé d'écrire une seconde lettre au juge d'instruction, lettre dont le sens bien apprécié ne va rien moins qu'à solliciter une ordonnance de nonlieu. Le commissaire de police, savait cependant qu'un juge d'instruction est incapable de manquer à son devoir ; mais encore il comptait sur l'étoile de son père. Elle pâlit cette étoile : elle ne peut plus briller, il faut enfin rentrer à Saint-Gaudens !

Ainsi, et comme il est facile de s'en apercevoir, il y a des choses incompatibles au premier abord, et qui se concilient à merveille par la réflexion. Il ne faut pas que l'honneur du juge soit atteint, il ne le sera pas. Juge, souffrez qu'après vous avoir indiqué l'erreur, on vous confirme dans toute votre dignité. L'honnête homme peut être trompé, et le démon qui s'est joué de tant de victimes, qui a abusé et de l'inexpérience des époux Renard et de leur fille, qui a trompé le préfet et le maire de la ville de Tours pendant si long-temps ; cet homme, présenté au juge sous les apparences d'un bon commissaire, coupable d'un attachement illégitime, sans que la chose fût pendable par elle-même; cet homme a inspiré de l'intérêt. Madame Renard ne devait au contraire inspirer que du dégoût : voilà cependant le résultat auquel il est parvenu.

Ne dit-on pas, aujourd'hui, qu'il cherche à tromper la reine des Français ; il demande une place, lui, condamné à la prison ! Les beaux certificats de Tours, il les invoque; et la reine serait exposée, en ce moment, à commettre une injustice envers un autre serviteur plus digne et plus honorable que le pétitionnaire. Il se trouvera toujours des Tourangeaux pour sauver les princes des fautes involontaires qu'ils pourraient commettre; qu'on cherche bien dans tous les cartons de la reine et du roi, ou du prince royal, on y trouvera la fameuse pétition, en compagnie des beaux certificats ; on y verra comment le Gascon sait dire du bien de lui-même, comment il sait glisser sur le malheur où son crime a plongé toute la famille Renard : c'est le rôle d'un bon citoyen de fermer toutes les avenues du pouvoir à ce méchant homme; c'est le devoir d'un Tourangeau; et, si par malheur, le roi lui-même, était trompé, si l'auguste prérogative qui s'étend jusqu'au droit de vie et de mort, que la majesté du trône comporte, était implorée en faveur d'un ex-commissaire de police, ah ! il serait à désirer que Sa Majesté fût complètement éclairée sur le compte du pétitionnaire : abaissé jusqu'à cet homme, le droit de grâce perd de sa grandeur, il ne peut pas même s'interpréter par la pitié du prince. Sire, voyez M. Renard, l'honnête Tourangeau ; voyez-le à Bicêtre ; voyez sa fille déshonorée à quatorze ans, entretenue encore nonobstant la leçon donnée par votre Cour royale ; voyez toute une famille ruinée, éplorée de la perte d'une enfant qu'elle ne peut pas recouvrer ! c'est l'ouvrage d'un commissaire de police en exercice de ses fonctions. Daignez, Sire, daignez, garder le beau fleuron de votre couronne pour les repentirs sincères et véritablement malheureux ! Roi, reine, princes, faites la charité à l'ex-commissaire de police, il n'a pas mérité de mourir de faim, un morceau de pain chaque jour pour le misérable, vous trouverez cela dans la noble cassette ; mais gardez-vous de le grâcier et de le placer : il est indigne de ces faveurs royales ! Hommages à la liberté de la presse si tous les Français communiquent entre eux ! ! la liberté de la presse est la vie de la grande nation, et le plus ferme appui d'une couronne constitutionnelle.

Magistrats, nous comprenons tous l'art. 354 du Code pénal, invoqué par les père et mère dans leur plainte : cet article n'a pas reçu son exécution ; il y a donc ce qu'on pourrait appeler un déni de justice, si la bonne foi du juge n'était pas évidente ! si le juge lui-même n'était pas là, qui nous impose par sa vertu la plus profonde vénération. Qu'il poursuive donc ses nobles travaux, qu'il serve la patrie en servant la justice ! Un Tourangeau plein de fermeté, n'a rien à reprocher à sa conscience : la preuve, c'est qu'il ne porte pas d'accusation. Juge, recevez cet honneur décerné à votre mérite par un homme que rien n'arrête dans la recherche de la vérité, et qui ne découvre pas en vous un ennemi.

Magistrats, voilà un moyen de cassation bien longuement développé; vous ne le trouverez pas moins de votre goût : il vous convient à merveille : appliquez-le !

L'art. 29 du Code d'instruction criminelle va nous en offrir un autre. Deux témoins, le mari et la femme, se présentent; ils accusent une mère d'avoir, pendant une année, protégé de sa présence les amours illégitimes, adultérins de sa fille. Respectons le droit des témoins : ils prêtent serment devant Dieu, et c'est en sa présence qu'ils accusent une mère du plus affreux de tous les crimes ! ! Mais, aussi, soyons justes : ils ajoutent que c'est dans une chambre garnie, tenue par eux, que le crime se consomme ; ils tiennent la clef de cette chambre, ils la livrent aux criminels pour consommer le crime; ils savent que le crime se consomme, ils le disent, ils l'avouent ; ils croient bien, les pauvres gens, ne charger que la mère, mais ils se trompent : ils se chargent eux-mêmes; ils n'avaient pas le droit de favoriser la prostitution : ils en faisaient métier, l'habitude était prise, une année entière d'après eux-mêmes les accuse ; ils ont donc encouru la peine prononcée par l'art. 334 du Code pénal.

L'audition de ces témoins, terminée par la clôture du procès-verbal, quel était le devoir du juge? devait-il les poursuivre à l'instant, et instruire contre eux-mêmes? Non, on n'ira pas jusques-là : le juge ne poursuit pas d'office, il faut qu'on lui demande la poursuite, et c'est pour cela que l'art. 29 du Code d'instruction criminelle a fait un devoir légal à tout fonctionnaire public, à toute autorité constituée qui acquiert, dans l'exercice de ses fonctions, la connaissance d'un crime ou d'un délit, d'en donner avis *sur-le-champ* au procureur du roi. On n'équivoquera pas, cela est impossible, l'avis est de rigueur, le fonctionnaire, l'autorité constituée, exerçant ses fonctions, est *tenu* d'en donner avis *sur-le-champ*.

Cet avis a-t-il été donné *sur-le-champ?* Non. Violation de l'art. 29. La mère, si cruellement compromise par une telle déposition, a-t-elle souffert de ce que cet avis n'a pas été donné *sur-le-champ?* Oui, oui. Si l'autorité constituée, si le juge avait donné cet avis qu'il était tenu de donner *sur-le-champ*, le réquisitoire du procureur du roi *était obligé* par l'art 22. Ce réquisitoire saisissait le juge et la chambre du conseil d'un nouveau délit à instruire, à préciser; une instruction devenait indispensable contre les époux Nacle, et la mère vous dit, en les accusant de faux témoignage devant la justice, la mère vous dit : Que les époux Nacle, à la fin de l'instruction dirigée contre eux, devenaient accusés, prévenus d'avoir habituellement favorisé la prostitution de sa fille. Ils étaient convaincus d'un si gros mensonge contre la mère, qu'un autre réquisitoire les accusait de faux témoignage; ainsi, le juge, pour n'avoir pas exécuté l'art. 29, a manqué sa proie. Punir les époux Nacle de la faveur qu'ils avaient habituellement accordée à la prostitution, les punir de faux témoignage contre une mère, que cela était beau pour la justice, pour la morale et pour la société! Que ce serait à propos dans le temps où on supprime les Tours, où Saint-Vincent de Paul n'est plus, où sa touchante parole ne se fait plus entendre; dans un temps, enfin, où les enfans sont punis en naissant du crime de leurs mères! A quoi servent donc les lumières, grand Dieu! les Lacédémoniens ne détruisaient que les enfans difformes.

Il y a donc violation de la lettre et de l'esprit de l'art. 29, par le juge; il y a préjudice grave pour l'accusé, à qui on oppose en qualité de témoins, deux coupables, deux très grands coupables. L'avantage du serment prêté par les époux Nacle est une charge de plus contre la mère accusée par eux.

Arrivons à l'art. 22, plantons un drapeau pour la défense, en face du drapeau de l'accusation, c'est justice! Vous voulez, dit le ministère public, me forcer à poursuivre? Oui, je le veux, et si vous ne poursuivez pas, je vous accuse d'un déni de justice. Est-ce à dire que l'art. 22 vous ait chargé de ne faire aucune poursuite, quand cet article dit textuellement que vous êtes chargé, que c'est un devoir de votre part, de poursuivre *tous* les délits, tous ceux dont vous avez connaissance. Si vous ne le faites pas, vous accordez la grâce au coupable, vous empiétez sur la prérogative royale, laissée à la couronne par une haute pensée de philosophie et de morale. Est-ce à dire que je veuille faire de vous un factieux, Dieu m'en garde, les procureurs du roi ne sont pas des factieux, ils sont au contraire parfaitement d'accord avec la justice; ils peuvent, comme les autres, mal interpréter les lois, et voilà ma thèse: Je soutiens qu'une instruction terminée, prête à subir le réquisitoire de la vendicte publique, je soutiens que le procureur du roi, faisant son réquisitoire devant la chambre du conseil, doit comprendre dans son réquisitoire, non seulement les premiers accusés, mais encore les témoins ou toute autre personne compromise par l'instruction. Je vous force de poursuivre tous les délits, c'est un droit que je tiens de l'art. 22: j'invoque ce droit, parce que l'absence de vos poursuites me porte un préjudice, gêne ma défense devant la justice, à tel point que l'inobservation de l'art. 22 pourrait devenir, entre mes mains, par le sens de cet article, matière à déni de justice contre le ministère public lui-même. Prenez garde qu'il s'agit ici du principe de l'égalité devant la justice : l'égalité n'existe plus lorsque vous poursuivez l'un, qui nie le délit, et que vous ne poursuivez pas l'autre qui l'avoue, qui s'en fait gloire, qui s'enveloppe devant le juge du manteau de l'infamie; vous ne le poursuivez pas, et vous poursuivez au contraire une mère, qui prend Dieu à témoin de son innocence. Eh bien! vous n'en resterez pas là, vous en viendrez jusqu'à invoquer, dans votre réquisitoire contre cette mère, le témoignage même de la personne compromise; vous direz qu'une mère est coupable du plus affreux de tous les crimes, qu'il faut la traduire devant le tribunal parce que les époux Nacle, témoins, l'accusent; et, chose étrange dans votre système, vous croirez la moitié de la déposition des époux Nacle, et vous ne croirez pas l'autre moitié; vous diviserez ce qui est indivisible: le témoin sera plus croyable quand il accusera un autre que quand il s'accusera lui-même. Est-ce bien logique? Enfin, le témoin est toujours plus sûr d'un crime commis par lui que d'un crime commis par un autre. Les époux Nacle que vous croyez, que vous invoquez contre madame Renard, invoquez-les donc contre eux-mêmes, prenez vos conclusions devant la chambre du conseil; si vous ne prenez pas de conclusions, si vous ne requérez pas, *vous ne poursuivez pas*, et alors c'est une grâce que vous faites, c'est la couronne royale que vous posez sur le front d'un procureur du roi, plein d'admiration pour la royauté.

Je vous entends, je vais vous répondre, et je vous prie de m'écouter : Je suis bon prince, et je ne veux pas que le procureur du roi fasse ce qu'il ne doit pas faire, je ne veux pas qu'il poursuive un innocent ! Oh ! non, je ne le veux pas, je ne le voudrai jamais, je ne voudrais pas m'exposer à ce point à sortir des bornes du respect que je porte à la haute dignité du ministère public ; ainsi, d'accord le ministère public et moi, il ne faut jamais poursuivre les innocens! aussi n'est-ce pas d'innocence qu'il s'agit, c'est d'un crime avant-coureur d'un autre crime. Le délit commis par les époux Nacle a enfanté leur faux témoignage, et pour parler plus clairement, ce faux témoignage est la conséquence de l'embarras du TÉMOIN coupable qui a favorisé la prostitution pendant une année, et qui, pour atténuer sa faute, se cache sous le manteau d'une mère!!!

Ainsi, point de concession, la matière est grave ; je réduis votre ministère aux termes mêmes de l'art. 22. Cet article commande au procureur de poursuivre *tous les délits* dont il a connaissance, la rédaction est claire, le devoir est écrit, l'article n'est pas abrogé, il ne le sera jamais ! il faut donc l'appliquer, et bien préciser les termes de la discussion, elle se réduit encore à cette conclusion : Ministère public, chargé de poursuivre tous les délits, vous en voyez un gros, bien gros, bien consommé, habituellement commis, à qui s'applique-t-il par la déposition du témoin ? Au témoin lui-même. C'est justice à vous de ne pas croire le témoin qui s'accuse, quand vous ne croyez pas, sans réserve, sa déposition contre un autre; mais encore, la part de votre justice est faite, celle de l'art. 22 faites-la donc? La déposition vous *fait connaître un délit en germe que vous devez poursuivre*, et de deux choses l'une, ou vous croyez, ou vous ne croyez pas; mais encore vous pensez bien quelque chose, alors *il faut le dire, il faut l'exprimer dans votre réquisitoire*, il faut dire : Les époux Nacle, après avoir déposé que la prostitution avait été favorisée de la présence de la mère, ont ajouté que la prostitution avait été favorisée par eux. Mais moi, ministère public, je ne crois pas que les époux Nacle, épiciers de la banlieue, soient capables d'avoir autrefois, en 1836 ou 1837, favorisé la prostitution, en recevant habituellement les personnes de tout genre qui voulaient bien se donner la peine d'entrer dans le temple des amours. Ne voyez-vous pas maintenant que vous êtes d'accord avec moi et avec l'art. 22, vous poursuivez *parce que vous concluez ;* vos conclusions sont favorables à l'épicier, n'empêche, c'est un droit : le ministère public conclut toujours, avec conscience il ne voit pas un coupable là où il y en a deux, et il en voit un là *où il n'y en a pas!!!* c'est un malheur ; mais il fait son devoir, mais la chambre du conseil peut penser autrement que lui, mais la chambre du conseil peut voir les choses telles qu'elles sont, elle les verra parce que les conclusions, même favorables du ministère public auront attiré son attention sur la déposition des époux Nacle en ce qui les concerne personnellement. Et alors la chambre du conseil, réparant une erreur involontaire du ministère public, renvoie les époux Nacle comme prévenus, devant le tribunal, ou mieux elle ordonne une nouvelle instruction pour confirmer ou détruire leur première déposition : un juge est nommé à Tours, sur le lieu même où ils s'accusent d'avoir commis le délit ; de cette manière tout le monde est d'accord, tout le monde a fait son devoir, le ministère public et la défense sont sur le terrain du principe posé par l'art. 22, qui ne force point le ministère public à poursuivre les innocens; le ministère public est trop innocent lui-même et trop équitable pour le faire, article qui force le ministère public à donner ses conclusions *pour ou contre* un délit dont il a connaissance; l'art. 22 n'en demande pas davantage, il ne demande pas plus des conclusions *pour* que *contre*, ce qu'il demande avec nous, ce sont des conclusions *pour* ou *contre*, mais consciencieuses, sur lesquelles la chambre du conseil statuera. Et vous ne nous ferez jamais croire qu'il vous est permis par l'art. 22 de ne rien conclure, si le rôle de ministère public se réduisait à ne rien faire, il ne serait pas si important de bien composer, comme on le fait, les membres du parquet; le premier venu, moi, par exemple, je serais procureur du roi comme un autre! les voleurs, les assassins auraient beau jeu avec un procureur du roi comme moi, qui ne concluerait ni pour ni contre eux, et qui abandonnerait la nacelle qui porte les amours des époux Nacle et de M. Cazeau, le commissaire.

Et si, par suite d'un tel état de choses, une honnête mère était condamnée pour avoir prostitué sa fille, sur la déposition de ceux qui l'ont eux-mêmes prostituée, tant pis pour elle. Oh! non, si elle voulait développer la grande thèse de l'art. 22, elle arriverait à des conclusions bien différentes ; mais elle signale l'erreur de droit et reconnaît la bonne foi du ministère public.

Et si à présent que madame Renard a porté sa plainte en faux témoignage contre les époux Nacle, en subornation, en escroquerie d'une pendule contre Cazeau, et en diffamation contre son fils; à présent qu'elle vous a justifié de la plus complète indigence, par un certificat déposé entre vos mains, s'il vous plaisait, avec l'art. 22 de ne requérir aucune instruction contre les coupables signalés à votre justice, de laisser dormir la plainte dans les cartons du parquet, alors elle vous inviterait à relire votre art. 445 du Code d'instruction criminelle ; elle vous dirait que votre inaction peut lui être funeste devant la Cour de cassation, que vous n'avez point à juger du mérite de ses plaintes, que vous devez conclure, suivant l'art. 22, *pour* ou *contre*, les délits et les crimes qu'elle a dénoncés. Mais, non, madame Renard n'aura pas ce reproche à vous faire : elle compte sur la loyauté du parquet de Paris, elle est certaine qu'il fera son devoir, de même que celui de Tours, nanti de la plainte et du certificat d'indigence. Madame Renard ne demande que la justice et l'exécution des lois ; aussi se fonde-t-elle sur une lettre reçue par son mari, à Bicêtre, et conçue en ces termes :

Paris, le 11 mai 1838.

« Le procureur du roi invite les époux Renard, à se rendre au parquet, au Palais de Justice, le samedi, 12 mai, à deux heures, pour s'expliquer sur la plainte qu'il a rendue contre les nommés Seguin, Nacle et Cazeau, se constituer partie civile, s'il y a lieu, et déposer en conséquence au greffe du tribunal, conformément à l'art. 160 du décret du 18 juin 1811, la somme présumée nécessaire pour les frais de la procédure.

« Signé, CROISSANT. »

MM. les procureurs du roi de Paris et de Tours, auront sans doute l'obligeance de se convaincre qu'un habitant de Bicêtre et une femme de ménage sont dans l'indigence, et, comme tels, dispensés d'aucune consignation préalable : donc, concluez, Messieurs !

C'est possible, dit-on, que les époux Nacle aient commis un délit, dans leur déposition, mais je ne l'ai pas vu, je ne m'en suis pas aperçu. Voulez-vous soutenir cette thèse : oui ou non ; elle nous conduit bien loin, contentons-nous de dire qu'avec cette réponse, les plus graves délits, les plus grands crimes, n'arriveraient devant les tribunaux qu'avec un passeport signé du parquet, qui pourrait toujours n'avoir pas vu ce qu'il doit voir, ce qu'il est chargé de poursuivre et de présenter au jugement des tribunaux. Quelle grande thèse vous soulèveriez par ce système : le procureur du roi, préteur romain au milieu de la ville de Paris, jugeant tout seul, au XVIIIe siècle. Ah ! quelle grande thèse ! Mais, non ; mais cela n'est pas ; Ministère public, souffrez que je vous rappelle mon art. 22 qui n'a pas fait de vous un juge, mais un préposé de la justice, chargé de lui présenter les coupables, qu'elle a seule le droit de punir ou d'absoudre. Où en serions-nous donc, si le procureur du roi avait le droit de ne pas voir ce qu'il doit voir, ce qu'il doit approfondir, ce qu'il doit poursuivre d'après l'art. 22, ce qu'il ne doit jamais juger autrement que par ses conclusions *pour* ou *contre* le délit. Ne nous attirez donc pas sur ce terrain où le pied vous glisse, où les grands principes sont en jeu : nous les invoquerions, et nous ne faisons que les indiquer. Vous devez toujours voir ce qui est sous vos yeux, et vous n'avez pas le droit d'en juger autrement que par des conclusions où votre avis est exprimé *pour* ou *contre*, suivant le génie que je me plais à vous reconnaître, et même à invoquer en faveur de cet art. 22, où l'omnipotence du ministère public n'est pas écrite, quoi qu'on en puisse dire.

Violation des lois, omission de les exécuter, c'est tout un pour le prévenu ; il souffre ce qu'il ne doit pas souffrir, la défense n'est pas libre quand il lui impose un témoin, qui n'est pas un témoin ; quand un coupable, non poursuivi, prête serment devant Dieu et devant les hommes, de dire la vérité et qu'il ne peut pas la dire sans se compromettre : ce qui serait arrivé si les époux Nacle ne s'étaient pas habilement réfugiés sous la responsabilité d'une mère qu'ils ont introduite si à propos dans leur domicile.

La Cour de cassation veut que la défense soit libre, elle ne l'est pas, quand le prévenu est chargé, humilié, abaissé, par des témoins qui ne sont pas des témoins, *en droit*, et que le public prend pour témoins, parce qu'on ne les a pas poursuivis quand on devait le faire : il peut en résulter que la cause du prévenu devienne si dégoûtante, que l'intérêt des juges et du public, ne l'environne plus de la protection légitime due à la défense ; et alors une condamnation survient, et chacun croit au *bien-jugé*, parce qu'il y a des témoins, tandis que Dieu sait qu'il n'y en a pas, et que les hommes auraient pu le savoir comme Dieu lui-même, s'ils avaient exécuté la loi, art. 22.

Ni votre commission rogatoire, ni les lettres du maire de Tours, rien ne remplace, aux yeux de la loi, les prescriptions impératives de l'art. 22. Votre commission rogatoire, par laquelle vous ne parlez pas du délit des époux Nacle, et vos correspondances sont un bien, mais elles ne remplacent pas une instruction judiciaire qu'il fallait requérir d'après l'art. 22, et sur l'indication d'un nouveau coupable, désigné par lui-même, que dis-je, de deux nouveaux coupables qui s'accusent eux-mêmes. Combien de fois, le le ministère public n'a-t-il pas à l'audience proféré ces paroles remarquables : *Attendu qu'il résulte des aveux du prévenu qu'il est coupable!* Si le ministère public professe cette maxime sur son siége, devant le tribunal assemblé, il doit la professer dans ses réquisitoires ; et, alors on voit bien qu'il n'y a pas d'exigence de notre part, quand nous ne lui demandons que de simples conclusions *pour* ou *contre* les époux

Nacle, devant la chambre du conseil ; nous, qui avons à nous étonner que les principes ne soient pas les mêmes, dans les mêmes circonstances ; on ne nous reprochera pas de manquer au respect dû à la liberté d'opinions des parquets ; nous, qui ne leur demandons que leur avis *pour* ou *contre* un coupable, quand nous pourrions le demander *contre*, d'après la déposition elle-même.

L'ordonnance de 1780, l'art. 334 étaient applicables aux époux Nacle ; ils avaient reçu chez eux des personnes qui se livraient habituellement à la prostitution ; le délit n'était pas prescrit, il remontait à deux années au plus ; l'art. 22 obligeait le procureur du roi à le poursuivre, à requérir contre les époux Nacle, ou au moins à conclure en leur faveur, pour que la chambre du conseil fût régulièrement saisie du délit : donc, l'art. 22 a été inexécuté, et la défense a souffert de l'inexécution de cet article. L'inaction du ministère public a entraîné la perte de madame Renard, cela est évident pour tout homme de sens.

Art. 27 du même Code. On ne reviendra pas sur ce qui a été dit de cet article. Il est bon de rappeler que si le procureur-général avait immédiatement reçu la communication de la part du procureur du roi, aussitôt que le délit est parvenu à sa connaisance, le procureur-général aurait fait en sorte que le procureur du roi de Tours fût informé, et qu'il poursuivît les époux Nacle : de cette manière encore, la vérité se faisait jour, et madame Renard était sauvée. L'instruction démontrait que les époux tenaient maison clandestine de prostitution, ouverte aux administrés de M. le commissaire de police comme à lui, *à tant la séance*, l'instruction établissait que M. le commissaire de police, *bien informé du délit*, ne l'avait point constaté, je ne dis pas contre lui-même, mais contre ses administrés; il était renvoyé lui-même devant les tribunaux comme complice des époux Nacle : le fonctionnaire public était condamné pour avoir trahi ses devoirs, et jamais madame Renard ne pouvait subir de condamnation sur la déposition de ces personnages. Voilà l'inexécution des lois, l'inexécution de l'art. 27. Madame Renard a-t-elle souffert, oui ou non, de l'absence des formalités judiciaires, dont on n'a pas tout d'abord compris toute la portée? Vous n'accusez pas des coupables, et vous en faites des témoins contre une bonne mère de famille.

Magistrats, poursuivons notre carrière, et jetons au loin le voile qui couvrait de son obscurité tant de malhonnêtes gens; abordons encore une grande question, soulevée, par le débat, à l'audience : cette question naît de la rédaction des jugement et arrêt :

« Attendu qu'il résulte de l'instruction et des « débats, que la dame Renard est coupable, « etc., etc. »

Habitans du palais, avocats, avoués, huissiers, honorables membres de toutes les basoches de Paris et de Tours, je vous invite à me contredire, si je ne dis pas ce qui est au fond de toutes vos consciences, quand je soutiens que les tribunaux, avec cette formule si simple, *il résulte de l'instruction*, etc., invoquent à la fois l'instruction écrite et l'instruction orale de l'audience; que si les juges n'avaient pas sous les yeux le dossier de l'instruction, ils ne voudraient pas juger, ils ne pourraient pas juger: je sais bien qu'ils ont le droit de s'en tenir à l'instruction orale, que la loi s'en rapporte avec raison à leur conscience; mais, encore, ils n'ont pas exprimé dans le jugement, que c'était de l'instruction orale seule qu'ils tenaient leur conviction, et, alors, je vous dis qu'ils ont acquis cette conviction dans les deux instructions, et je me pose comme un romain, devant la Cour de cassation: *Quod nullum est, nullum producit effectum.* L'instruction écrite est nulle, les deux jugemens, basés sur l'instruction écrite, sont nuls également : on ne peut rien faire avec rien, c'est une loi de la nature : nous ne sommes que de pauvres diables, et nous ne sommes pas des Dieux: les Dieux seuls, et M. Cazeau, le commissaire, ont créé tant de choses, qu'il ne faut jamais leur demander compte de la création : autrement il y aurait trop à dire sur l'ouvrage des Dieux coupables d'avoir mis au monde le Cazeau de la Garonne, Gascon qui nous escroque à la fois, notre enfant, notre argent, notre honneur, et notre pendule ; qui s'est moqué des juges et de la justice (il a pris madame Renard pour une bête).

Mais les juges, gens d'esprit, comme les conseillers de la Cour royale, nous donnent les motifs des jugemens prononcés par eux; nous les connaissons ces motifs, magistrats pleins d'honneur ils ne s'offensent pas de ce que nous examinons après eux ; ici, les motifs du jugement sont indiqués par la formule ordinaire, *ils sortent de l'instruction écrite*, cette instruction est nulle, donc le jugement est nul, *ipso jure :* donc, l'arrêt *adoptant les motifs des premiers juges* est nul, *ipso jure.*

La Cour de cassation, adoptant le pourvoi, annulera l'arrêt et renverra devant la Cour royale de la ville d'Orléans, *située à moitié route de Paris à Tours*, invention du dernier des Cazeaux qui nous apprend la géographie, en même temps qu'il oublie de mesurer la distance qui sépare un fils de M. Cazeau le condamné, de l'avocat plaidant la cause de madame Renard.

L'avocat de mon épouse, dites-vous, est un lâche!... vous allez dévoiler sa conduite à tous ses confrères.... Est-ce que vous ne voyez pas, hommes sensés, deux commissaires de police, deux Seguin, deuxNacle, cachés sous le style accusateur du médecin Cazeau, jusqu'ici étranger aux débats? Est-ce que vous ne voyez pas les dénonciateurs qui déshonoraient madame Renard près d'un juge d'instruction? Est-ce que vous ne voyez pas le conseil de l'ordre appelé à l'aide des Cazeau agonisans, tombés dans le mépris sous les coups redoutables de la presse? Madame Renard sauvée de l'infamie par un lâche; ah! il faut dénoncer ce lâche, il faut qu'il soit interdit. C'est du Cazeau tout pur. Deux moyens : lui ôter la vie, ou déshonorer sa plume par un arrêt d'interdiction, voilà les Cazeau, les voilà! Madame Renard a trouvé un défenseur : elle en aurait trouvé à Paris et à

Tours. Il faut à ces trois hommes, dont l'un a déjà fait un Mémoire sous le nom de Delphine, dénoncer ce défenseur au lieu de répondre à la grande question de la pendule escroquée, plus importante que le fait de séduction d'une jeune fille ; à la grande question d'intérêt soulevée par Renard, question plus irritante encore.... Ah ! je comprends votre amour pour Delphine, je le comprends ; mais je ne comprends pas *que vous ayez souffert que le père de Delphine vous ait mis dans vos meubles*, non, je ne le comprends pas : l'escroquerie de la pendule n'est plus rien à côté de l'indélicatesse de l'amant. Trahir l'amour si généreux de Delphine à ce point ; ah ! docteur, vous l'avez bien pensé comme moi, c'est une tache qu'il faut laver dans le sang ; mais elle est sur le front de M. votre père, cette tache ! le sang d'un homme ne l'enlèvera pas : il la rendra plus éclatante, si cet homme passe pour être le père de *Delphine et du commissaire de police de la ville de Tours*, à qui la faute ? Il ne tenait qu'à M. votre père d'écarter la question d'intérêt : à quarante-huit ans, il avait séduit une belle, le rôle n'était pas si odieux qu'il lui fût impossible d'en rejeter la honte sur la fragilité de la nature et sur un excès de virilité ; les hommes pardonnent ce qu'ils condamnent dans l'intérêt de la morale. Pourquoi donc avez-vous fait tant d'efforts pour avilir madame Renard? pourquoi lui avez-vous jeté vos *protêts* à la face? C'est que vous êtes un misérable; c'est que vous vouliez prendre le juge par ses sentimens d'honnête homme, par ses sentimens d'homme de cœur, qui excuse comme homme ce qu'il punit comme juge. Voilà pour un Cazeau motif à déshonorer la mère de Delphine, sa jeune maîtresse, elle qui l'a *si bien payé* de son amour, en lui donnant un enfant, s'il n'en vient pas un autre!!!

Que j'aurais voulu voir M. le commissaire! le tableau était touchant: mais je vous vois, M. Cazeau! vous portez à M. le maire ce tendre gage de l'amour, vous prenez une fausse qualité, un faux domicile, vous trompez le maire dans un acte authentique, vous, fonctionnaire public; mais, *Que-xa-fait?* dites-vous, la fin justifie le moyen; il fallait un père à cet innocent, vous l'aimez trop pour lui avoir donné un père adultérin: ça fait que vous n'êtes pas un honnête homme, ni M. Nacle, votre témoin, et que tous les deux vous êtes hommes à subornation et à faux témoignage. Avec un *que-xa-fait* de cette force-là, je ne vous confierais pas la monnaie que j'ai dans la poche, moi, habitant de Bicêtre!!

Je vous vois encore, M. le commissaire, tenant le grelot d'une main et le poêlon d'une autre, je vous vois faire, à l'instar du grand conquérant, B......, l'auguste bouillie, la lui donner du bout de vos doigts ; la ceinture tricolore s'étend avec gloire sur un enfant adultérin !... Delphine, embrassez-le, ma chère, et méprisez votre mère !... C'est le conseil d'un ex-commissaire.

Honorable père ! si je pouvais sécher les larmes de sensibilité qui coulent de vos yeux ; être sûr et bien sûr de sa paternité, à votre âge, l'amour-propre n'est pas déplacé en pareille aventure.

Savez-vous M. le commissaire, que vous avez fait ce que beaucoup d'autres ne feraient pas à votre place, un garçon. Ah ! vous pouvez bien le serrer entre vos bras, ce cher enfant, aimez-le donc bien tendrement; présentez-le donc à MM. vos fils, à toute votre famille : lui seul fait toute votre gloire. Comment l'éleverez-vous ? Il faut qu'il soit, comme vous, ami du roi; il faut en faire un fonctionnaire public, il donnera du pain à son papa sur ses vieux jours, il honorera la famille Renard.

Dans mon prochain numéro, je vous donnerai des conseils sur la conduite politique que vous avez à tenir. Vous demandez une place, hélas ! vous ignorez donc que l'éducation de M. votre fils réclame tous vos soins : vous n'êtes pas si savant que Jean-Jacques, qui a passé toute sa vie à élever son Émile ; et encore l'Émile était un être moral, sorti du cerveau d'un grand homme, tandis que votre enfant est à vous, bien à vous, M. Cazeau, l'ex-commissaire.

La lettre de M. votre fils à l'avocat serait une preuve qu'il a bien compris mon Mémoire ; il vous a vu à Montreuil, louant une boutique en compagnie de madame Nacle ; l'arrière-pensée de cette lettre annonce que vous craignez que la France entière ne soit appelée dans ce débat, et que, connaissant le Cazeau dénonciateur, suborneur, s'attaquant à tous les hommes qui font leur devoir, un arrêt de bannissement ne soit prononcé par le grand jury national contre le Cazeau, assez subtil, pour chercher à intimider, par la crainte d'une dénonciation, ou de la mort, l'avocat qui n'a d'autre souci que celui de défendre la cause de madame Renard, la mère de famille, et qui méprise le Cazeau, parce qu'il le connaît bien.

D'une part, le dépositaire, à Tours, des Mémoires de madame Renard, les renvoie à Paris, sans les publier ; et, d'une autre part, le docteur Cazeau, qui peut écrire et défendre son père par la presse, se fait spadassin, se fait dénonciateur contre un avocat, et vous voulez que cette lettre ne soit pas publiée, et vous voulez que l'avocat, faisant son devoir, soit intimidé ; qu'il garde pour lui seul la pièce la plus essentielle du procès, celle qui fait voir que trois Cazeau n'ont *rien* à répondre aux faits articulés par M. et madame Renard; que le triumvirat a donné sa démission.

Je vois ces Cazeau s'étudiant à la dénonciation; ils ne savent comment s'y prendre : l'avocat prend pitié d'eux, il se dénonce lui-même. Ah! vous, hommes éclairés, vous avez compris la générosité de l'avocat; il ne peut pas se battre avant que le dénonciateur ne l'ait fait punir, lui, « assez bête pour adresser à Tours, théâtre « de l'infamie de la femme Renard, le panégyrique de cette misérable-là, signé Chicoisneau. »

Hé bien, madame Renard qui avait adressé à Tours deux cents exemplaires de son Mémoire, pour inviter l'opinion à s'éclairer sur le compte des Cazeau, madame Renard porte elle-même quatre cents exemplaires, elle les distribue dans les meilleures maisons de la ville; elle en appelle à l'honneur de toutes les mères, de l'infamie du triumvirat, et l'opinion qui rejaillira de Tours sur Paris, éclairera la justice.

Je n'ignore pas que le commissariat de police est sacrifié, qu'une famille honnête de la Touraine est dans les angoisses du désespoir; mais le devoir consiste principalement à tout sacrifier à la vérité, quand la vérité sauve une mère de famille flétrie par deux jugemens : braves Tourangeaux, mes compatriotes, je gémis sur votre infortune, et je ne puis vous faire qu'une grâce, c'est de ne pas vous nommer, vous tenez de trop près aux Cazeau.

Si l'administration avait mieux surveillé le père, il était destitué à temps : ses fils, trop jeunes, ne pouvaient prétendre à le remplacer, et la ville de Tours était délivrée des trois habitans de Saint-Gaudens. A présent ils se sont implantés au centre de la ville ; il s'agit de ménager une honnête famille de la Touraine, c'est la faute de l'administration si ce malheur est arrivé! hé! mon Dieu, laissez-lui sa place, il n'est coupable que de calomnie dans l'esprit d'un juge, lui, commissaire de police! Magistrats tourangeaux, protégez la *famille* du commissaire de police que vous avez involontairement trompée; cette famille, elle est de la Touraine, elle a contracté avec vous-même, c'est vous qui lui avez présenté le commissaire de police! ah! ne réduisez pas une femme et des enfans à la misère; ces enfans, ils sont de Tours, et l'administration leur a donné un père pour les nourrir.....

Si ces enfans étaient réduits à la misère, un troisième Mémoire ne se contenterait plus d'une simple leçon : il demanderait compte des certificats... ce Mémoire jetterait les bases d'une action en dommages-intérêts en faveur de la famille tourangelle, c'est un Tourangeau qui le dit : on répond toujours de ses certificats.

Un membre du tribunal, un conseiller de préfecture, ne pourraient pas conserver leur rang après avoir écrit une lettre diffamatoire; mais un commissaire de police, placé à une grande distance des membres de la magistrature, un commissaire en rapport, par son état, avec les classes très inférieures du peuple, du peuple qui ignore tant de choses, ce commissaire n'est pas déshonoré, dans toute l'acception du terme, vis-à-vis de ses cliens, par une lettre diffamatoire qu'il s'est permis d'écrire à un juge dans le cours d'une instruction criminelle; ce commissaire de police n'a pour ses administrés qu'un tort grave, mais encore cette faute, ce tort, sont ignorés et inaperçus des escrocs et des filous, des voleurs ou des assassins!!! Qu'il reste donc à sa place, c'est justice pour la *famille tourangelle*; mais aussi, que fidèle à remplir son devoir, il ne prenne plus en main la cause de son père pour la défendre par la diffamation contre la mère de Delphine, qui saurait lui imposer le silence en lui disant la vérité, à lui et à tant d'autres : les renseignemens arrivent... le Mémoire a produit son effet.

Et vous, docteur Cazeau, sauvez la vie des Tourangeaux ! M. votre père a tué toute une famille par la ruine et le déshonneur ! à votre âge, *et jeune comme vous l'êtes*, vous pouvez racheter ses torts et les vôtres par une bonne conduite.

Bretonneau est à Tours, haut de science et de talent, placé au rang des plus illustres docteurs de l'Europe, attachez-vous à ses pas, dérobez-lui l'art de guérir, dans cet hôpital de Tours où vous étudiez la médecine, docteur Cazeau de la Garonne?

N'attendez plus à *moitié route* l'avocat qui veut sauver madame Renard avant de se rendre à Orléans..... Suivez les leçons de Bretonneau, les progrès dont il a doté la science et l'humanité ont fait de lui un docteur aussi éloigné de Sangrado que vous êtes rapproché du signor de Santillanne, *son élève*.

Nécessité d'un arrêt de surséance ou de cassation.

Dieux tutélaires de ma patrie, bienfaiteurs du genre humain, Montesquieu, Volney, sera-t-il permis à une mère *d'invoquer les causes de la décadence des Romains, ou des ruines de Palmyre!* (alors la cause des mœurs était abandonnée). Astres de lumière placés en haut des cieux pour éclairer la terre! philosophes français, daignerez-vous intervenir dans ce débat! il est assez grand pour que vos noms vénérés n'y soient pas déplacés.

Je veux vous parler du pays de France, de l'application de ses lois pénales au dix-huitième siècle, à vous qui avez recommandé aux nations, de toute la puissance de votre génie, l'application des lois divines et humaines, sous peine, pour les peuples, de tomber dans l'avilissement et dans l'esclavage.

A seize ans, une fille a quitté père et mère; la justice est invoquée, la fille retrouvée. Cette enfant ne craint pas d'avouer à un juge qu'elle abandonne ses parens pour échapper à leur surveillance et pour être libre de sa personne; elle accuse sa mère de l'avoir entraînée à la débauche. Ce juge a sous la main la loi du pays, protectrice des mœurs; s'il veut que cette enfant rentre dans la bonne voie, elle y rentrera ; il peut la faire arrêter, appeler devant lui ses père et mère et leur dire : Vous êtes accusés par votre fille, je ne vous la rendrai pas à présent; mais qu'il y ait crime ou non de votre part, il est constant pour moi, *votre juge et le sien*, que sa conduite est affreuse, épouvantable, elle l'avoue; courez vite chez le Président, obtenez l'ordonnance nécessaire pour l'application de l'art. 377 du Code civil, et alors nous verrons plus tard ce que nous ferons de vous et de votre enfant. De cette manière, les droits de tous étaient protégés par la justice.

Hé bien, non! l'enfant a quitté le cabinet du juge, elle est rentrée chez le ravisseur, accusé devant le juge par les père et mère, de rapt, d'enlèvement, ou au moins de déplacement de mineure; elle y est encore, voilà l'inexécution de la loi, voilà le principe de l'erreur des tribunaux et la source du malheur de madame Renard.

Et le ravisseur qui reste libre, qui, le matin, donne au juge sa défense, signée Delphine, et le soir retrouve paisiblement chez lui la jeune fille, objet unique de la plainte; qui vit maritalement avec elle, déplacée de chez ses parens, soustraite à leurs recherches ; et le juge qui ne peut pas douter de ce scandale ! tout cela est-il conforme à l'article 354 du Code pénal, qui punit le simple déplacement d'une mineure de la peine de la réclusion, peine qui entraîne nécessairement l'obligation de faire arrêter immédiatement le ravisseur, au lieu d'exposer la jeune fille à se retrouver en sa présence, dans la même chambre, etc , etc.

Ainsi donc, Magistrats, ce n'est pas en vain que j'invoque les souvenirs de la décadence des Romains et des ruines de Palmyre, la nation vous regarde, elle attend de vous, pour la sauver, la protection des lois et de la morale publique.

Que ferez-vous, Gardiens suprêmes de l'honneur des familles et des mœurs de notre jeunesse française?

Que ferez-vous? maintiendrez-vous une instruction judiciaire, nulle dans son principe, irrégulière, illégale, désastreuse par ses conséquences? ou bien, donnerez-vous d'autres juges à une mère de famille qui vous les demande à genoux, qui vous supplie de lui accorder ce qu'elle a droit d'obtenir de votre haute justice.

L'art. 441 du Code d'instruction criminelle permet au ministre de la justice d'intervenir aussi dans ce débat; M. le ministre interviendra-t-il? Signalons-nous des actes judiciaires contraires à la loi, contraires à l'article 354 du Code pénal? Signalons-nous au moins des omissions bien préjudiciables à madame Renard, dans cette grande affaire où l'honneur d'une famille entière est détruit, où chacun voit clairement que les débats de l'instruction n'ont pas suivi la direction ordinaire, quoique la bonne foi du juge ne puisse être suspectée.

D'une autre part, l'art. 445 du même Code est exécuté à la lettre par madame Renard ; elle a porté sa plainte en faux témoignage contre plusieurs témoins; si cette plainte est admissible, par les motifs les plus honnêtes et les plus plausibles, si une mère, appartenant à la religion chrétienne, prend Dieu à témoin qu'elle n'a jamais *mis le pied* dans la maison de prostitution tenue par les Nacle, est-ce assez, Magistrats, pour que vous ordonniez une nouvelle instruction ? quand vous voyez que les deux faux témoignages sont absurdes par eux-mêmes, et que jamais il ne peut arriver qu'une mère, jouant le rôle de proxénète, conduise sa fille tous les soirs, pendant une année entière, dans le lieu de la prostitution ! Ah ! il ne faut pas si long-temps à une jeune fille pour apprendre ce chemin-là :

soyons assez scélérats pour le lui montrer une seule fois, et elle ne l'oubliera plus! Il y a donc faux témoignage évident.

L'art. 22 du Code d'instruction criminelle ne permet pas aux procureurs du roi de Paris et de Tours, de ne pas poursuivre les époux Nacle et les demoiselles Seguin : s'ils ne le faisaient pas, contrairement aux droits de madame Renard, si la conscience de ces magistrats ne leur permettait pas de voir ce que nous voyons si bien, certes, il faudrait respecter l'opinion consciencieuse de ces messieurs; encore, faut-il que l'art. 22 soit appliqué, que des poursuites soient commencées sur la demande formelle des époux Renard, dont l'un est admis à Bicêtre comme pauvre, et dont l'autre, la femme, justifie d'un certificat attestant son indigence, déposé par elle aux parquets de Paris et de Tours; elle, qui après avoir vécu honorablement près de son mari pendant dix-huit ans, est réduite à faire le ménage d'autrui pour nourrir ses deux fils.

La cause de madame Renard est la cause de toutes les mères : elle demande justice aux tribunaux, rien que justice; si elle est coupable, si les époux Nacle ont dit la vérité, elle sera condamnée par les juges et par l'opinion publique plus sévèrement peut-être qu'elle ne l'est maintenant. Elle n'est condamnée qu'à deux années, et la loi permettait aux juges de la condamner à cinq années ; ainsi elle n'a rien à gagner à une nouvelle instruction si elle est coupable. Vous le voyez donc, Magistrats, la bonne foi est entière : loin de tromper la justice, nous voulons l'éclairer ; loin de tromper les honnêtes gens, nous les appelons à ce débat, nous leur disons qu'il y a faux témoignage, et nous prenons l'engagement de le prouver.

N'est-ce rien, que l'honneur d'une mère de famille, anéanti dans ce qu'il a de plus élevé, par deux faux témoignages, et la prison recevrait-elle cette mère pour la confondre avec les malfaiteurs, tandis que les faux témoins et le suborneur jouiraient de la même liberté que les honnêtes gens.

MM. les procureurs du roi de Paris et de Tours s'empresseront donc de commencer les poursuites, de décerner des mandats d'arrêt contre les accusés, afin que la Cour de cassation soit autorisée, par l'art. 445 du Code d'instruction criminelle, à laisser à cette mère la liberté d'agir, et de faire toutes ses démarches, en plein jour, pour confondre l'imposture et démasquer ses ennemis.

Le pourvoi en cassation fondé sur des motifs aussi graves, n'est pas un pourvoi fait pour gagner du temps; il est fait avec bonne foi : les hautes lumières de la magistrature française interviendront dans ce grand débat de l'innocence contre les crimes, et chacun s'empressera d'accomplir le devoir que prescrit la loi, quand chacun verra que madame Renard ne demande que des juges, et qu'elle ne demande point une grâce.

Elle est coupable, ou elle ne l'est pas : ce sera le problème à résoudre par d'autres juges; mais elle serait indigne d'aucune grâce du roi, si elle était condamnée de nouveau.

Magistrats, examinez par vous-même tous les actes et tous les faits de l'instruction et de l'audience; lisez les correspondances qui se trouvent dans le dossier; rappelez-vous combien d'articles de loi criminelle et pénale appuient le pourvoi en cassation, ne vous méprenez pas sur le but de madame Renard : elle ne veut pas se soustraire à l'exécution des loix, elle en invoque l'application pour elle ou contre elle; elle se soumettra à l'exigence de la loi, qui veut qu'elle soit écrouée pendant que vous jugerez du mérite de son pourvoi. La veille de votre arrêt, elle franchira le seuil de la prison, elle demande à s'y rendre librement, vous pouvez être persuadés qu'elle ne manquera pas à sa parole d'honnête femme : ses deux fils vivront de la charité publique; quand à sa fille, elle n'a besoin de rien, elle est entretenue comme elle l'a toujours été depuis la plainte, ou mieux, elle entretient M. Cazeau, qui n'a plus rien; et Delphine travaille de son état.

O! malheureuse famille; le père à l'hospice, la mère en prison, deux enfans sans pain, la fille, à dix-sept ans, entre les bras d'un homme marié : quels malheurs !.....

Est-ce là un pourvoi en cassation fait pour gagner du temps, ou bien ce pourvoi n'est-il pas fait dans l'intérêt de la justice elle-même, si souvent exposée à commettre une erreur involontaire, par la mauvaise foi de témoins intéressés dans les procès.

Faites justice, Magistrats, faites justice !

Approuvé l'écriture ci-dessus,

RENARD.

DÉNONCIATION

(28 MAI 1838)

A

M. LE PRÉFET DE POLICE,

PAR M. CHICOISNEAU.

MONSIEUR LE PRÉFET,

Je n'ai pas l'honneur d'être connu de vous; c'est comme avocat que je vous prie de faire droit à la présente dénonciation.

Il y a bientôt une année qu'une mère de famille s'est présentée dans mon cabinet et qu'elle m'a chargé du soin de surveiller des poursuites et de plaider contre un M. Cazeau, alors commissaire de police en chef de la ville de Tours, qu'elle accusait du détournement de sa fille mineure.

Ce crime entraînait la réclusion; aussi, Monsieur, n'ai-je pas conseillé la plainte contre un commissaire de police avant d'avoir tenté la conciliation par une lettre que j'ai adressée moi-même à M. Cazeau, avec invitation de se rendre immédiatement auprès de moi.

Personne n'est venu : plainte a donc été portée; et M. le commissaire de police a débuté d'une manière assez désobligeante pour un avocat : il a eu l'audace de communiquer ma lettre à M. le juge d'instruction ; *cette lettre figure au dossier.* Et non content de cet acte d'indélicatesse et de basse police, il s'est permis sur mon compte, sans m'avoir jamais vu, quelques légers propos que je n'ai pas entendus, mais qui n'ont pas été inventés par madame Renard, ma cliente.

L'instruction s'est poursuivie, et à mon grand étonnement, madame Renard a été renvoyée devant le tribunal, comme coupable d'excitation à la débauche sur la personne même de sa fille Delphine, alors âgée de quatorze ans, bien que cette mère eût dénoncé le crime.

Le rôle si intéressant que j'avais tout d'abord accepté, devenu très pénible par le résultat d'une instruction, ne fut point abdiqué par moi : une mère épouvantée, et fondant en larmes, me priait de l'assister devant le tribunal! J'ai rempli la triste mission, et tous mes efforts sont venus se briser contre quatre témoignages qui ne laissaient alors aucun argument à la défense.

Madame Renard condamnée!! le tribunal paraissait si indigné contre elle de ce qu'elle avait, *suivant les époux Nacle*, conduit sa fille au crime pendant une année *sans désemparer*, que l'honorable président Mourre a cru devoir se permettre quelques paroles sévères sur l'impudence d'une plainte portée par madame Renard.

Ces paroles prononcées du haut d'un siége illustré par un magistrat vénéré, et qui rendra plus tard de plus grands services à la patrie, si l'austérité de sa vertu lui permet d'accepter tout ce qu'il mérite, ces paroles, dis-je, ont produit leur effet : le défenseur lui-même a pensé un instant que son honneur était atteint! et il a mal reçu madame Renard, coupable alors à ses yeux de ne pas avoir tout dit à son avocat; mais la bonne mère s'est jetée à genoux, et elle a soutenu qu'elle n'avait jamais manqué à sa dignité; que sa vie entière était irréprochable ; que des témoins seuls étaient coupables...

Appel fut donc interjeté devant la Cour royale et présenté avec la plus profonde conviction; mais les funestes témoignages étaient écrits, et madame Renard fut encore condamnée.

Le malheur est grand!! une mère de famille protestant de son innocence, et déshonorée aux yeux de ses enfans et de la société!!!

Que fallait-il faire? se pourvoir en cassation; mais le fait était jugé en dernier ressort: la difficulté devenait presque insurmontable, si la Providence n'était venue au secours d'une bonne chrétienne.

Un mari, tout stupéfait de ces deux condamnations contre une épouse, reproche à celle-ci de n'avoir pas su se défendre; et dans sa vertueuse colère, il lui fait un crime d'un sentiment de résignation chrétienne! Ce mari supplie l'avocat de se rendre auprès de lui, à Bicêtre, pour lui raconter comment les choses s'étaient passées: les larmes inondaient le visage d'un bon vieillard, l'émotion était si forte qu'il ne pouvait plus parler ni entendre; enfin, il se jette dans les bras du défenseur, il le supplie d'employer tous les moyens légitimes pour sauver du déshonneur la mère de ses enfans, l'épouse qui soignait à Tours, du matin au soir, les infirmités d'un époux chéri, *à la même époque* où les mariés Nacle et les demoiselles Seguin plaçaient une mère dans le lieu même de la prostitution de sa fille!! et donnant du courage et du cœur à l'homme marié, commissaire de police, assez *innocent* pour avoir besoin de la mère d'une jeune beauté là où le simple novice n'en veut pas ?

L'avocat trouvait, au moins, dans le digne vieillard, un compatriote honorable ; l'avocat s'est dévoué, corps et biens, à une famille si malheureuse : il a conseillé au sieur Renard un Mémoire justificatif de la conduite de son épouse, et puis, plaintes sur plaintes en faux témoignage, en subornation, etc ;... il s'est fait la douce illusion que la magistrature et l'opinion publique reviendraient d'une erreur involontaire, basée sur de faux témoignages.

Tout est bien avancé maintenant : les plaintes sont en règle, appuyées au parquet de certificats d'indigence ; MM. les procureurs du roi de Paris et de Tours agiront sans doute ! il s'agit de crimes !

On pense bien que l'artisan en chef de toutes ces scélératesses ne pouvait être ménagé par Renard ; qu'il fallait surtout suivre pas à pas le Gascon, déshonorant, par ses mensonges, l'instruction du procès ; qu'il fallait dévoiler toute la fourberie de l'habitant de Saint Gaudens, et mettre son caractère à découvert. Or, c'était là que se trouvait l'écueil : le Gascon mis à nu, devait reculer épouvanté de lui-même ;

tous ses méfaits enregistrés l'un après l'autre... Ah! il ne veut pas que madame Renard se justifie par de tels moyens; la vérité est trop cruelle pour lui et pour ses deux fils : mais, par malheur, la vérité est le culte des Tourangeaux, qui sont quelquefois assez bien inspirés pour la présenter dans tout son charme, et rassurer les consciences les plus timorées contre la réhabilitation et l'acquittement définitif d'une bonne mère de famille, coupable seulement d'une trop grande confiance envers un commissaire de police de son quartier.

Monsieur le Préfet, chaque jour est marqué par un pas de plus fait dans l'opinion publique, en faveur de la famille Renard : la ville de Tours tout entière accompagne de ses vœux, devant les magistrats suprêmes, l'honnête épouse et mère qui gagne tout le terrain que ses adversaires perdent auprès des honnêtes gens?

Ah! c'est un crime, oui, c'est un crime, et un grand crime commis par madame Renard, que de dire la vérité aux trois Gascons, et de les maintenir dans le silence par la bonne foi de l'argumentation! Quel crime! est-il possible qu'un avocat s'oublie au point d'aider de sa bourse et de ses conseils un vieux compatriote malheureux, réduit par ses adversaires à vivre dans un hospice, loin de sa femme et de ses enfans !! Cet avocat, nécessairement, n'entend rien à la dignité de la noble profession; il ne veut pas croire ce que tout le monde a cru par la bouche dorée de trois Gascons; il est assez sot pour être rebelle à ces magnifiques convictions des époux Nacle et des demoiselles Seguin.

Que faire donc? répondre aux Mémoires de M. et de madame Renard, *ce serait peine perdue*, l'avocat ne croirait à rien de ce que les trois Gascons diraient, et il conseillerait aux époux, vingt Mémoires, s'il les fallait, au lieu de baisser le pavillon de la vérité devant celui du mensonge : aussi, comprennent-ils bien qu'il faut en finir !!... que la vérité est par trop vraisemblable, et qu'elle écrase de son auguste poids tout un échafaudage de rouerie !!. . .

. . . .

. . . .

La source de la vérité! Mais c'est l'avocat Tourangeau des époux Renard !! Cette source il faut l'épuiser dans le sang de l'avocat !! et quand l'avocat sera mort ou blessé, on aura beau jeu d'un vieillard perclus de tous ses membres, sain de cœur et d'esprit seulement, et d'une femme sans moyens...

Venons donc au système d'intimidation dit le triumvirat? C'est la seule éloquence qui nous soit permise.

Une lettre datée de Tours, le 1er mai, révèle à l'avocat l'aggravation des maux de son pays, succombant à la peine, sous un troisième Cazeau, quand il devrait être exonéré des deux premiers : par cette lettre, il se fait le champion du triumvirat, il chausse l'éperon de chevalier, et, l'épée à la main, il demande compte à un avocat d'un outrage fait à son père et à son frère par les époux Renard seuls. Ah ! oui : l'outrage est grand ; mais l'offense faite à la dignité d'une mère de famille, transformée en proxénète est plus grand, encore !! Et, si cette mère se défend par la vérité ; qu'avez-vous à dire ? Que pouvez-vous reprocher à un avocat qui ne lui conseille de dire que la vérité.

Tous les trois, vous ne pouvez donc pas répondre aux Mémoires des *Renards* ; ils vous reprochent plus que la séduction d'une jeune fille, ils reprochent des gasconnades d'un très mauvais genre sur votre mobilier de Tours, et sur une pendule devenue parisienne et bien précieuse, non par l'indication de l'heure qu'il est, mais par l'indication du caractère de certain personnage, dont je ne prendrais pas la défense, médecin ou non, sans avoir, au préalable, remboursé à des malheureux 7 à 800 francs de mobilier, et 200 francs pour *la pendule*, total général 1,000 francs. Je croirais devoir cela au titre de médecin, *que je m'adjugerais* dans une lettre où il s'agit d'honneur...

A présent, Monsieur le Préfet, souffrirez-vous qu'un avocat faisant son devoir, soit insulté chez lui ou au palais, par une tourbe de misérables : l'avocat ne doit-il pas tout son sang et tout son temps à une mère de famille qu'il croit innocente, et qu'il espère sauver de l'infamie!!

L'asile d'un avocat serait-il violé sous les yeux du préfet de police ? la question est là maintenant, ma femme et ma fille tremblent sous le toit d'un époux et d'un père, qu'elles craignent de perdre par un assassinat.

Vous trouverez, Monsieur le Préfet, une copie de la lettre de provocation en tête de l'un des Mémoires, à la préface même, et si vous tenez à l'*original*, vous le ferez appréhender, dit-on, autour de ma maison : je m'en rapporte à vous sur le genre de protection que vous accorderez à la liberté de la défense devant la justice et devant la nation.

A l'exemple de Périclès, l'avocat demande à son pays une garde d'honneur : il n'en abusera pas, comme lui, pour tuer la liberté et voler le trésor public!!

L'avocat demande de plus au premier de tous les commissaires de police de France, une pension pour un vieux Renard trompé par un commissaire de police en fonctions, et accusé devant la justice de M. le procureur du roi.

Mais l'avocat ne terminera pas sans promettre au peuple et à la justice une dénonciation en règle devant la section criminelle de la Cour de cassation (art. 493 du Code d'instruction criminelle) par les époux Renard, et fondée sur les articles 127 du Code pénal et 445 du Code d'instruction criminelle, combinés ensemble, à moins qu'on ne daigne lui en épargner le triste souci, en exécutant à la lettre les articles 22, 64 et 91 du même Code, appuyés des articles 334, 362, 364, 365, 405 du Code pénal et 18 de la loi du 17 mai 1819.

L'avocat profite cependant de cette heureuse occasion, pour renouveler, comme toujours, l'assurance de son respect à MM. les membres des deux parquets de Paris et de Tours, et leur dire, à tous les deux, qu'il n'y a pas de décret du 18 juin 1811 assez puissant pour tenir devant la Cour de cassation, qui a levé l'état de siége imposé à la ville de Paris par un misérable ministère, auteur de troubles et de discordes civiles, pour tenir, enfin, contre la majesté de deux Codes réunis, et écrasant, comme un ver de terre, le décret du 18 juin 1811 et son article 160 inapplicable à deux Pauvres, poursuivant la punition des crimes par l'intermédiaire *obligé* du procureur du roi. Le décret de 1811 croissant avec le despotisme d'un Napoléon, n'est plus de saison entre les mains de M. Croissant, procureur du roi sous un gouvernement constitutionnel.

Un avocat ne passerait pas sous les fourches Caudines; il cesserait ses fonctions s'il ne se faisait bien comprendre de M. Croissant et des autres honorables membres du parquet, ses adversaires : mais que ces messieurs veuillent donc en finir avec cette lutte entre amis de la justice, qu'ils veuillent bien se persuader qu'il faut que le pourvoi en cassation *soit admis*, cela est de rigueur, et que leur conscience n'a pas deux manières de s'éclairer en présence de l'article 445 du Code d'instruction criminelle *tout-puissant sur la Cour de cassation*, s'il est exécuté au parquet, par l'émission de mandats d'amener contre les coupables désignés à sa haute justice, sur plaintes régulières étayées de certificats d'indigence qui ne sont pas même nécessaires.

L'avocat brûlerait plutôt, par ses écrits, les

cartons où sont enfermées (depuis le 12 mai) les plaintes de ses malheureux cliens, contrairement aux dispositions formelles des articles 22, 64, et 91 du Code d'instruction criminelle, et certes, il ferait bien quand il a sous les yeux l'article 445 du même Code *tout puissant sur la Cour de cassation !*

Je vous en prie, Monsieur le Préfet, veuillez excuser cette petite digression à laquelle un avocat plein de zèle peut se laisser entraîner et agréer les hommages respectueux de l'avocat

R. Chicoisneau.

REQUÊTE

A LA COUR DE CASSATION.

MAGISTRATS SUPRÊMES,

Un avocat de la Cour royale frappe à la porte du grand Prétoire de la justice criminelle de France !!!

Faites entrer, Magistrats : c'est un défenseur qui se présente.

Organe sacré de madame Renard, l'avocat ne peut l'abandonner dans sa prison !

Daigne la Cour suprême de France recevoir les hommages de Me

R. Chicoisneau.

Paris, le 1er *juin* 1838.

MÉMOIRE

AU ROI.

SIRE,

La plus haute institution judiciaire de France, la Cour de cassation vient de déclarer le pourvoi de madame Renard, non recevable par deux motifs : le premier, c'est qu'elle n'avait pas payé les 150 francs d'amende, ou justifié d'un certificat d'indigence délivré par

M. le maire de son arrondissement; le deuxième, c'est qu'elle ne s'était pas constituée prisonnière.

Le tout, par application des articles 420 et 421 du Code d'instruction criminelle, *qui ne permettent pas à la haute Cour de statuer sur le mérite d'un pourvoi*, lorsque le condamné n'a pas satisfait à ces deux conditions.

C'en est donc fait !! deux mois entiers de travaux de toute nature pour faire admettre le pourvoi de madame Renard, sont entièrement sacrifiés, il n'y faut plus penser !!... Il paraît que, bien qu'il n'y ait de la part de la Cour, *ni rejet*, *ni adoption*; mais seulement une déclaration que le pourvoi n'est pas admis, par une absence de formalité; cette déclaration n'est pas moins définitive !!! Devant la Cour suprême, la forme emporte le fond. C'est une consolation pour une condamnée *non recevable* à plaider sa cause.

Madame Renard avait obtenu *cinq certificats d'indigence* de M. le commissaire de police de son quartier. Le premier est déposé au parquet de première instance de Paris; le second, au parquet de la Cour royale; le troisième, au parquet de première instance de Tours; le quatrième, au parquet de la Cour royale d'Orléans. Ensemble, les plaintes des époux Renard; et la famille entière, riche de certificats d'indigence, qui font toute sa fortune, *n'en avait pas un seul* pour la Cour de cassation !!!

Quant au cinquième certificat, il a été présenté par madame Renard à M. le maire du deuxième arrondissement de Paris, avec invitation de vouloir bien en délivrer *un autre signé de sa main*, conformément à l'article 420 du Code d'instruction criminelle, et *pour faire admettre un pourvoi.*

M. Berger, le maire, ne s'est pas suffisamment inspiré de la *conviction* d'un commissaire de police *placé dans son arrondissement;* il a refusé à madame Renard *de verbaliser et de signer*, bien que deux témoins patentés, gardes nationaux, lui fussent présentés par elle, et que ces deux honnêtes marchands du quartier vinssent attester la vérité de son indigence.

Cette résistance illégitime d'un maire, ne paraissant pas naturelle au conseil de madame Renard, un avocat s'est imaginé que M. le maire n'avait pas bien compris le sens de la réclamation de madame Renard. Dans cette supposition, il a, lui-même, écrit à M. le maire, *et l'a invité à délivrer le certificat d'indigence* :

M. le maire n'a rien répondu à un avocat qui lui écrivait dans l'intérêt du service de la justice criminelle !! Cette impolitesse surprenante de la part d'un magistrat administratif a été dévorée par un avocat qui, par pitié pour madame Renard, ne s'est pas moins présenté lui-même, chez M. le maire, à domicile, rue des Trois-Frères, n. 7, où M. Berger l'a reçu, *vêtu d'une simple culotte, sans autre cérémonie.* Au nom de madame Renard, dont il a dépeint la misère et celle de ses enfans, le même avocat de la Cour royale a supplié M. le maire de vouloir bien accorder le certificat d'indigence ; cette fois, il paraît que M. le maire ne s'en rapportait plus à deux gardes nationaux de son arrondissement; il a fait à l'avocat l'insigne honneur de lui demander s'il voulait lui-même être l'un des témoins; et qu'alors, il allait généreusement délivrer un certificat d'indigence, pour une de ses administrées.

Blessé dans sa dignité, un avocat devait répondre à M. le maire : que M. Berger ne peut ignorer les usages du palais, qui n'admettent pas que le nom d'un avocat apparaisse ostensiblement, devant la plus haute Cour du royaume, dans un certificat de ce genre.

Enfin, Sire, Votre Majesté le croira-t-elle ?

Sommation extrajudiciaire a été faite à un maire, par un pauvre de Bicêtre et sa femme, *d'avoir à délivrer un certificat d'indigence*, avec offre réelle de lui *déposer* les gardes nationaux témoins, dans la mairie, sous le buste du Roi ! du Roi qui veut qu'un maire soit toujours prêt à faire son devoir, surtout quand il s'agit d'être utile aux pauvres d'un arrondissement.

Hélas ! le moins que M. le maire Berger puisse faire pour ses pauvres ? c'est bien de les honorer de certificats d'indigence !.....

Hélas ! encore : pas de réponse de M. le maire, même à une sommation.

Est-ce qu'aucun huissier peut contraindre un maire à signer un certificat d'indigence, quand M. Berger, le maire, ne veut pas le signer : où madame Renard a-t-elle puisé des principes révolutionnaires de ce genre ?

Ah! Sire ! il est bon que Votre Majesté daigne apprendre quels sont les beaux progrès de l'institution municipale, entre les mains de M. le maire Berger.

Et, si MM. les maires venaient à s'imaginer qu'ils ont le droit de ne pas signer nos passeports ; le commerce et les chemins de fer seraient en prospérité *toujours croissante* ; les juges et les avocats n'auraient plus de vacances ;

tout bon Français serait en prison dans sa commune, sous le règne d'un Roi, né d'une révolution, glorieux de cette illustre naissance, à la fois, le plus bel apanage de la couronne, et le baptême de gloire et de liberté des Français.

Serait-il permis de soutenir devant Sa Majesté que M. le maire du deuxième arrondissement, paraîtrait viser à composer (seul), l'une des sections de la Cour de cassation ; et que, par un arrêté non motivé, et pas même écrit, dont il fera bien (je le devine) de garder les motifs pour lui, *il a déclaré*, avant la Cour de cassation, *non recevable le pourvoi de madame Renard.*

On ne va pas jusque-là, mais la conséquence serait logique. C'est un grand bonheur, du reste, que la loi n'ait pas songé à placer *entre la clémence royale et les malheurs des condamnés*, les certificats d'indigence de M. le maire Berger : il paraît enfin, que M. le maire ne manque de rien, et qu'il n'a besoin d'aucun certificat : mais si Renard (qui ne peut plus signer) osait offrir à Berger un certificat sur papier timbré, que dirait M. le maire ? il s'empresserait de répondre : *Redde Cæsari quod est Cæsaris;* car, la pauvre Renard est le seul habitant, qui n'ait pas d'esprit, dans le 2e arrondissement.

Sire, la loi de 1808, née sous l'Empire, placée

sous la sauvegarde de Votre Majesté, dépositaire en chef de toutes les lois, n'a jamais supposé qu'un jour viendrait, où, le maire d'une commune française refuserait à une indigente, jusques à un certificat de son indigence..... Le législateur ne croit pas (quand il fait la loi), à une insulte faite à la misère, par un fonctionnaire public.

Sire, Votre Majesté, dans sa haute sagesse, trouvera bon que nous sachions enfin, par la voie légale, quelle est la *véritable portée* d'un refus si étrange dans nos mœurs : on ne peut pas supposer que c'est parce qu'un tel certificat est ordinairement accompagné d'une pièce de vingt francs de la part d'un bon maire de la capitale, somme correspondante à cinq francs pour le maire d'une ville de province.

Il faudra donc examiner *devant la justice*, la question de savoir si la responsabilité d'un maire est à couvert d'une action en dédommagement entre Renard et Berger, portée devant le tribunal des hommes !! L'avocat verra le ministre de l'intérieur (sur la prétention de M. Nicolas Berger), et quand il lui faudra soutenir devant M. le Ministre, la thèse de l'équité du bon droit, *un conseiller de la pauvre Renard*, n'aura jamais mal *au cœur*.

Sire, la Cour juge dans le mois, les pourvois en cassation : aussi, madame Renard fidèle à son triste devoir, était-elle aux aguets pour savoir quel jour elle devait, suivant l'inflexible loi, se constituer prisonnière, mais il y aurait eu, de sa part, indigence complète d'esprit, si elle n'avait pas bien compris *toute la signification* de l'absence d'un certificat signé Berger, le maire (2e arrondissement de Paris). Toute autre condamnée ne se serait pas plus empressée qu'elle, de se placer sous les verrous d'une prison, alors, que la condamnée s'aperçoit qu'il n'y a plus de *sécurité* pour elle.

Sire, madame Renard a donc évidemment été privée de l'un des trois degrés de juridiction, *garantis par le Roi et par la charte*. De par un simple maire, la Cour de cassation n'a pas eu le droit d'examiner l'un après l'autre, les moyens de cassation invoqués par madame Renard, dans deux mémoires publiés par elle et distribués à ses juges.

La loi défendait à la haute Cour, d'approfondir les motifs du pourvoi; la Cour de cassation s'est conformée à la loi : hommage à la Cour!! Brutus immolant ses fils au salut de la république, n'était pas plus grand que la Cour de cassation, fidèle interprète de la lettre et de l'esprit des lois!!!

Mais madame Renard, condamnée, n'est pas vaincue : elle tourne ses regards supplians vers le trône, elle se jette aux pieds du puissant monarque des Français, et de l'auguste épouse et mère de famille qui règne auprès du trône, d'où émane toute justice et toute grâce.

Est-ce bien une grâce qu'elle demande? Oui, Sire, c'est une grâce : trois tribunaux, et, chacun d'eux, dans la limite de ses attributions, l'ont condamnée ; elle est donc légalement coupable. L'autorité de la chose jugée ne permet plus d'en douter : *Res judicata pro veritate habetur*. Et il serait indigne d'un Français d'attaquer de quelque manière que ce soit, la *chose jugée*, quand Aristide et Socrate ont enseigné aux hommes, par leur martyre, le respect dû à la chose jugée.

L'autorité de la chose jugée est là, Sire : et madame Renard proteste de sa vénération pour la magistrature française qui fait toujours son devoir, et qui n'a jamais appris à dévier de la route de l'honneur.

Mais il n'est pas moins vrai, Sire, qu'en point de considération, il est de la noblesse d'un monarque français, appréciateur légitime du *merite* des recours en grâce, de s'inspirer *dans la circonstance actuelle et peut-être, unique, des moyens de cassation qu'une pauvre mère n'a pu faire valoir devant la Cour suprême*, par la faute de M. le maire du 2e arrondissement de Paris : et que la haute humanité du monarque et de l'auguste épouse et mère, placée à côté de lui sur le plus beau trône de l'univers, supplée à toutes les infortunes.

Le Roi ne souffrira pas qu'une mère de famille *dont la cause n'a pas été plaidée au fond*, par un avocat de son choix, ni par aucun autre, devant la Cour de cassation, qui ne pouvait ni adopter ni rejeter le pourvoi, 'par suite de l'obstination d'un municipal ; (la vérité est due au Berger comme au Roi.) ; l'auguste majesté du Roi prince de toute justice, pèsera dans sa profonde et sage conviction, les *motifs sacrés* d'une demande en grâce *de la nature de celle-ci*. Ah ! oui, Sire, Votre Majesté le sait : c'est un devoir de la part du Roi et le plus sacré de tous, surtout quand un recours en grâce n'est plus qu'un appel à un quatrième degré de juridiction.

Sire, la couronne, toujours éclatante, sur la tête d'un prince, la couronne est dans le plus noble exercice de ses royales attributions, quand elle s'élève jusqu'à la compassion pour les malheurs d'une pauvre femme; et ce n'est pas une exagération, que d'affirmer que les hommes ont fait d'un roi, le Dieu de la patrie; quand ils ont consacré, par une expérience de tant de siècles le droit inséparable d'une couronne, de tenir la haute-main de la justice criminelle!!...

Sire, plus d'une fois les grâces des rois ont réparé les erreurs des juges et d'un officier municipal.

Sire, faites grâce à une mère de famille, qui a deux jeunes fils à nourrir par son travail, un époux honnête homme, à secourir à Bicêtre: et, par dessus tout, une malheureuse fille à faire rentrer dans le devoir, en invoquant la protection des tribunaux et des lois.

Sire, faites grâce à madame Renard qui peut espérer encore d'obtenir sa *réhabilitation en justice?* et qui a légalement porté ses plaintes devant les magistrats des parquets de Paris et de Tours,

1° En subornation de témoignages et en escroquerie d'une pendule, *pendant le procès*, contre l'ex-commissaire de police en chef de la ville de Tours;

2° En diffamation contre son fils, commissaire de police en chef de la ville de Tours, pour avoir écrit à un juge d'instruction une lettre diffamatoire qui n'avait pas d'autre objet que de faire condamner une accusée...!! ;

3° En prostitution de mineure de quatorze ans contre les demoiselles Séguin, épouses Lemonnier et Hautelingue ; et contre les époux Nacle;

4° Et encore en faux témoignage devant la justice, contre ces derniers.

Madame Renard demande à Sa Majesté, si elle pourrait accorder quelques instans d'audience à Me Chicoisneau, son conseil.

L'avocat attendra que Sa Majesté daigne lui faire dire le jour et l'heure d'une audience respectueusement demandée.

Et, si, pour appuyer son pourvoi en cassation, et toutes les plaintes qu'elle a régulièrement portées devant les tribunaux compétens, madame Renard a publié plusieurs Mémoires, elle supplie Votre Majesté de vouloir bien se faire rendre compte des discussions de fait et de droit qui s'y trouvent développées.

Madame Renard juge à propos de les publier encore et de les joindre à son pourvoi en grâce devant Sa Majesté, pour appuyer ce pourvoi, et pour donner d'autant plus de force à ces plaintes qu'elles ne sont pas encore jugées.

Sire, ces Mémoires, si importans par la gravité des faits, deviennent, de jour en jour, plus précieux pour madame Renard; ils en imposent d'autant plus à l'opinion publique, que des adversaires, pour la plupart gens de lettres, accusés de crimes par elle, *avouent les faits qui y sont enregistrés;* car ils ne répondent pas suivant l'usage du barreau, par d'autres Mémoires; ils se bornent à menacer un avocat et à porter plainte contre lui, devant le conseil de l'ordre, quand l'honneur compromis ne permet plus de garder le silence, qu'il leur prescrit inexorablement de se justifier des articulations de M. et de madame Renard, par une réponse *oui* ou *non*, sur des faits graves, parfaitement connus, *grâce à madame Renard*, qui ne peut plus ménager ceux qui n'ont pas même eu pitié d'elle? Enfin ils reconnaissent leurs torts : ils se voient si cruellement maltraités par les révélations d'une mère de famille, qu'ils ont perdu jusqu'à l'espoir de se réhabiliter dans l'opinion publique prononcée contre eux : leur silence est là; ils se jugent coupables : (on ne saurait trop faire de réflexion sur ce point).

Hélas! les bonnes gens avouent par ingénuité qu'ils n'ont rien imaginé de mieux qu'une plainte *à huis-clos*, contre un avocat de leurs adversaires!...

Hélas!! à cette plainte est joint un certificat qui constate que Delphine n'était plus demoiselle d'honneur, dès le jour où elle a mis le pied dans la maison Séguin, complaisamment ouverte au vertueux Cazeau.

Hélas!!! ils sont trop bons, vraiment, de se procurer un certificat *pareil*, quand madame Renard est si disposée à les en croire sur parole.

Hélas!!!!...

S'appeler Cazeau, et ne rien répondre aux Mémoires de madame Renard!

S'appeler Cazeau; être si habile dans l'art de médire; s'apercevoir du moindre défaut chez autrui, et ne pas voir la poutre et la pendule qu'on a dans l'œil!

S'appeler, enfin, le Cazeau si bien dénommé, qualifié, et traîné à plat ventre, dans tous les égouts de Paris et de Tours; et n'avoir pas un seul mot à répondre à madame Renard: quelle abnégation? *que bien, que mal*, oser parler à un avocat de sa dignité; oser lui faire un crime des conseils qu'il donne à des pauvres; et, tout riche qu'on est; ne trouver personne qui veuille s'engager dans la question mobilière de Tours, fortifiée de l'anecdote d'une pendule parisienne.

Mais, docteur? mais commissaire? mais couturières? l'habitant de Bicêtre veut vous donner un conseil : il vous engage à brûler le code de la médisance et à commencer votre procédure par le commencement : attaquez d'abord, en diffamation et en suppression de Mémoires sur procès, la famille Renard? et puis essayez de faire condamner par les tribunaux un avocat qui a le droit de donner des conseils à ses cliens ; et puis encore, ô triumvirat, si vous sortez vous-même, sain et sauf d'une audience publique, (avec accompagnement d'un mémoire à 3,000 exemplaires) alors, alors, vous pourrez vous flatter vous-mêmes, ou, vous en tenir aux adulations des époux Renard : et, le conseil de l'ordre, écoutant vos plaintes, aura le droit d'interroger à huis-clos, l'accusé d'un genre tout nouveau que vous lui présentez en ce moment, dans un avocat, conseil de vos adversaires, sur procès non jugés. Ah! bah! est-ce que le conseil de l'ordre vous donnerait certaine tentation de *cazeautisme?* Est-ce que le conseil serait le seul tribunal que vous n'ayez pas encore *cazeauté?* Écoutez ces paroles? mettez-les à profit? et, qu'elles vous servent de leçon. Le conseil est très difficile à séduire par des phrases ; le conseil est averti ; il est sur ses gardes, quand il entend parler des Cazeaux : *non nobis, Domine*, *non nobis...... sed nomini tuo da gloriam.....*

Oh ! oh !! oh !!! oh !!!! qu'il était beau
Le Garonnais nommé Cazeau....!!!!!

Ah ! Sire, est-ce que Votre Majesté, si profondément versée dans la science des hommes et des grands intérêts de l'état; est-ce que Votre Majesté ne découvre pas le précipice où la mère de famille est tombée ? Est-ce qu'il ne fallait pas à cette mère, un protecteur sévère, plein de courage, fort de sa conscience, pour soulever, en sa faveur, le ban et l'arrière-ban de l'opinion publique ; pour éclairer la magistrature, et pour rassurer la conscience du Roi, sur la grâce que Sa Majesté va donner à une mère légalement coupable. Sire, cette mère honorerait-elle la prison, comme autrefois la reine de France, accusée d'attentat sur la personne même du Dauphin. Ah ! Sire ? la Reine a dit un seul mot que toute la France a bien compris : J'en appelle *au cœur* de toutes les mères..... Ce mot a vengé l'auguste mère, s'il n'a pas sauvé la reine.

Sire, l'article 445 du Code d'instruction criminelle permettait à madame Renard d'espérer que la Cour de cassation aurait le droit de rendre, au moins, un arrêt de surséance.

Si la haute, mais *digne* clémence du roi, ne comportait pas, qu'une grâce fût *trop vite* accordée, Sa Majesté daignerait-elle suspendre, au moins, l'exercice du droit de *grâce*, en faveur d'une pauvre mère de famille jusqu'à ce que les accusations criminelles portées par elle et son mari, fussent enfin jugées...

Elle a évidemment besoin de sa liberté provisoire, plus que toute autre condamnée, pour suivre tant de procès criminels ; pour confondre ses ennemis ; et, enfin, Roi et Reine-Mère, pour nourrir ses jeunes fils et les entretenir de linges et de vêtemens.

Une mère se prosterne aux pieds du trône de leurs Majestés, elle invoque en sa faveur, la puissance légitime !!

Reine, mère de famille selon l'Évangile ! la vérité *toute cruelle qu'elle est*...... est sortie de la bouche d'une autre mère de famille et d'une chrétienne..... Dieu permet qu'une chrétienne prie pour sa sœur, Dieu l'ordonne !

Reine-Mère, *témoin irréprochable*, attestez devant le Roi qu'il n'est pas un seul exemple sur la terre, d'une chrétienne invoquant le *divorce*, contre la religion ? Ah ! une chrétienne, souillée d'infanticide moral !! Dieu n'a pas permis les miracles de ce genre ! O Reine adorable par une piété sincère, Dieu ne l'a pas permis.

Sire, la conscience d'un Roi peut s'en tenir à un seul et unique dilemme : les témoignages sont faux ou ils ne le sont pas : mais une mère fait retentir de ses plaintes en faux témoignage et en subornation, le palais de la justice et le palais des Rois : un Roi représente sur la terre *la justice* de Dieu ! et la loi *de Dieu* punit les faux témoignages ; donc il serait très juste de faire leur procès à de faux témoins régulièrement accusés devant les procureurs du roi de Paris et de Tours, et *madame Renard n'entend parler d'aucune poursuite.*

Sire ? que signifient ces Mémoires annexés à la demande en grâce ? ils sont autant de copies de plaintes en faux témoignage et en subornation, etc........ Un avocat fier de sa conscience permet à ses cliens de prononcer devant la justice, devant le peuple et même devant le Roi, chef de toute justice, les redoutables qualifications de faux témoins et de suborneur.

Sire, le faux témoignage plane donc sur de tristes débats ; et, ce qui est plus affreux encore, une mère est condamnée pour un crime qui a tous les caractères de l'*infanticide* ; et, privée par un officier public d'un *troisième de-*

gré de juridiction garanti par la Charte et par le Roi!! Ah ! Sire, la vérité se fait jour, elle se répand à pleines mains sur les dégrés du trône, elle montera jusqu'au monarque.

Nos Seigneurs ? le Roi avisera.

Madame Renard salue, respectueusement Sa Majesté le Roi.

CHESNÉ,

Tourangeau et marchand au marché de la Madeleine, à Paris, éditeur responsable; M. Renard empêché par les progrès de sa maladie.

A SON EXCELLENCE

LE MINISTRE DE L'INTÉRIEUR

ET AU CONSEIL D'ÉTAT.

Les époux Renard demandent l'autorisation de poursuivre devant les tribunaux civils, par une action en dommages-intérêts, M. Berger, maire du 2e arrondissement de Paris, pour refus d'un certificat d'indigence à une indigente : refus non motivé, même après une sommation faite par huissier.

Un pourvoi en cassation n'a été ni ADMIS, ni PLAIDÉ, ni ADOPTÉ, ni REJETÉ par la volonté d'un maire.

Madame Renard ne sait signer;
son mari est dangereusement malade.

Il y a lieu (à demande en autorisation.)

N. Chicoisneau.

IMPRIMERIE DE MAULDE ET RENOU,
rue Bailleul, 9 et 11.

www.ingramcontent.com/pod-product-compliance
Ingram Content Group UK Ltd.
Pitfield, Milton Keynes, MK11 3LW, UK
UKHW012037240726
13965UKWH00003B/865

9 782012 980907